会話やメールで恥をかかない

敬語の正しい使い方

鈴木昭夫

KKロングセラーズ

まえがき

ある役職に推薦された人が「私には役不足ですが、皆さんのご推薦ですので一生懸命に頑張ります」と挨拶しているのを聞くことがあります。その人は実に謙虚な態度で真面目に話しているのですが、残念ながら、この「役不足」の使い方は間違いです。

役不足というのは演劇に例えると、実力のある役者が自分の意に反して、通行人などの端役を割り当てられた場合に「オレはこんな役はやりたくない」と、その役に不満を抱くこと、つまり「この役はオレの実績からみて役が不足だ」という意味なのです。

ところがその人は、以前にどこかで聞いたことを単に真似して使っているだけなので、自分が使っている「役不足」の意味が間違いであることに気付いていないのです。

このような場合には「私は力不足ですが、皆さんのご推薦ですので一生懸命に頑張ります」と挨拶するのが一般的です。

「役不足」と「力不足」は、たった一字の違いですが、意味は全く反対なのです。

「役不足」と同じように敬語も、人が使っているのを真似して使うと、それが間違いであることを知らずにいる場合があります。例えば次のような言い方です。

●（来訪者に）「その件でしたら、3番の窓口で伺ってください」（×）
●（食品店で）「温かいピザ、お持ち帰りできます」（×）
●（医療機関で）「検査の結果は後で、主治医の先生からお聞きしてください」（×）
●（街頭演説の司会者）「では候補者から、ご挨拶をいただきます」（×）

これらの言い方は、どこも間違いでないように感じます。しかし全部、敬語の基礎的な知識不足から起きている（×）の言い方です。

そこでこの本は、次の3点に力点を置いて書いてあります。

①敬語の「基礎的な仕組み（基礎知識）」の説明を詳しく行う。
②敬語の中でも、間違いの多い「謙譲語の使い方」を丁寧に説明する。
③現在のレベルを知るための「自己点検」と、「好感度の高い言い方」の例を多くして敬語の習熟度を高める。

その結果、この本に出合って敬語の使い方に自信が付いた、と読者の方々に思っていただけること、それが筆者の願いです。

文化庁の「敬語の指針」を数多く取り挙げている理由

以前「一万円からお預かりします」「お名前様を頂戴してよろしいでしょうか」などの、珍妙なマニュアル敬語が広まっていた時期がありました。あるいは「お客様が、そのように申されました」「会議の資料は受付でいただいてください」などの、敬語の基礎的な知識に欠ける言い方も広まっていました。

そこで文化庁は、それらの敬語の乱れを是正するために、数名の敬語学者（大学教授）を中心にして、さらに著名な小説家や文化人など、20数名に委嘱して、そのメンバーが2年余りの年月をかけて「敬語の在り方」について審議を重ねました。

その内容をまとめて、平成19年2月に「敬語の指針」として文部大臣に答申したのです。ですから現在、私たちが敬語を学ぶうえで、最も信頼できるのが「敬語の指針」なのです。

筆者は文化庁の了解を得て、この本に「敬語の指針」に載っている質問と解説を数多く取り挙げています。読者の方も、その質問と解説を読むことによって一層の安心感を抱かれるものと思います。

第2章 相手に「好印象を与える言い方」を身につける

第5章 謙譲語は7つの語形で覚えられる

第6章　間違いやすい使い方の反復練習で自信をつける

第1章

間違えると恥ずかしい「尊敬語と謙譲語」

◉**尊敬語**＝話し手が、話題の人物の動作・所有物・状態などについて敬意を示す言葉（おっしゃる、召し上がる、ご覧になる、など）

◉**謙譲語**＝話し手が、自分側の動作や物事をへりくだる感覚で使うことで相手に敬意を示す言葉（伺う、いただく、申し上げる、など）

尊敬語と謙譲語の正しい使い分けを理解する

以前「師匠と弟子の思い出」というテレビの番組を見たことがあります。師匠は高年の作曲家で弟子も有名な男性歌手でしたが、その弟子は敬語を全く知らない様子で「先生の家に初めて行った時に先生がこう言ったのです」と語り始めました。

それを聞いて「先生のご自宅に初めて伺った時に先生がこうおっしゃったのです」と、なぜ言えないのかと思いましたが、その弟子は最後まで、その調子で話していました。

これは、敬語は、自分から積極的に覚えようとする意思がないと、いくら年をとっても身に付かないことを示している事例です。

医療機関などで「お名前をお呼びするまで暫くお待ちしてください」と言われることがありますが、この「お待ちして」は謙譲語なので相手（患者）に使うのは（×）です。

では、弟子の話に出てきた「家」「行った」「言った」などを敬語にするには、どうすればよいのでしょうか。また、相手に「お待ちしてください」という（×）の言い方をしないためには、どうすればよいのでしょうか。

そのような（×）の言い方をしないために、身近な言葉の「尊敬語と謙譲語」の使い分けについて、基礎的な仕組みを理解するのが、この章の目的です。

尊敬語はこうして作る

「お」や「ご」を付ける

「お」を付ける	（相手の動作）→お出かけ　お仕事　お喜び （相手の所有物）→お洋服　お荷物　お住まい （相手の状態）→お元気　お優しい　お美しい
「ご」を付ける	（相手の動作）→ご出発　ご活躍　ご利用 （相手の所有物）→ご著書　ご自宅　ご家庭 （相手の状態）→ご熱心　ご立派　ご心配

「貴・尊・高・御」などの漢字を付ける

これらの漢字には、相手に敬意を示す意味が含まれています。ですから、相手の動作・所有物・状態などに「貴・尊・高・御」などの漢字を付けると、相手のものごとを尊敬語にすることができます。

●「貴」→貴社　貴職　貴国
●「尊」→尊父　尊顔　尊家（ご尊父・ご尊顔・ご尊家、とすることもある）
●「御」→御社《おんしゃ》　御地《おんち》　御意《ぎょい》
●「高」→高名　高配（ご高名・ご高配、とすることもある）
●「賢」→賢察（ご賢察、とすることもある）
●「令」→令嬢　令室（ご令嬢・ご令室、とすることもある）
●「芳」→芳名　芳志　芳情（ご芳名・ご芳志・ご芳情、とすることもある）
●「玉」→玉稿《ぎょくこう》（相手が執筆した原稿）

（注）「御」→相手の親族を「親御《おやご》さん・甥御《おいご》さん・姪御《めいご》さん」と呼ぶことがあります。
また、自分の兄や伯父のことを「兄貴・伯父貴」と言う人もいます。ただし、この呼び方は身内だけでの会話なら構いませんが「貴」は尊敬語なので、他人の前で自分の身内を「兄貴・伯父貴」と呼ぶのは好ましくありません。

「氏」「様」「殿」などを付ける

相手の、氏名・会社名・役職名などに、氏・様・殿などを付けると、その人名や呼び名を尊敬語にすることができます。

●「氏」→篠山啓太郎氏　久田さとみ氏
●「様」→綾部純一郎様　福井設計事務所様　お連れ様　ご一行様
●「女史」→川瀬康子女史（女史は、社会的な地位や名声のある女性に付ける尊称）
●「殿」→石倉浩一郎殿（殿は、主に役職名や表彰状などに使われることが多く、個人的な手紙などの場合には使われなくなっています）
●「さん」→江田五郎さん　樫村道子さん　三河屋さん　学生さん　看護師さん
●「君」→野原武夫君　石村ひとみ君
（一般的に「君」は年少の男子に使われることが多いが、国会等では明治以来の慣習として議場内では、議員の呼び名に使われています）

敬称としても使われている「特定の役職名」

「様」や「氏」以外にも、次のような役職は尊称として使われています。

●「先生」→山本健次郎先生

●「教授」→大隅健一教授

●「監督」→河嶋和也監督

●「理事長」→澄田寛一理事長

●「コーチ」→村山すみえコーチ

●「デスク」→谷山浩二デスク

この他にも師・翁・画伯・関《ぜき》などは、その呼び名自体が敬称として用いられています。

専用の尊敬語

「お・ご・貴・尊」などを付けないでも、最初から「尊敬語になっている言葉」があります。それを「専用の尊敬語」と呼んでいます。次の表の下段の言葉をご覧ください。

その中に、あなたの知らない言葉など一つもありません。今までは無意識に使っていたので、これからは意識して使いましょう、ということなのです。

普通語	専用の尊敬語
食べる　飲む	召し上がる　あがる
行く	お越しになる　おいでになる　いらっしゃる
言う	おっしゃる
見る	ご覧になる（ご覧）
持って行く　持って来る	ご持参になる（ご持参）
いる	おいでになる　いらっしゃる
する	なさる

くれる	くださる
聞く（尋ねる）	お聞きになる（お尋ねになる）
気に入る	お気に召す
来る	お越しになる　おいでになる　いらっしゃる お見えになる　見える
もらう	おもらいになる
着る	お召しになる
死ぬ	お亡くなりになる　逝去
会う	お会いになる
知る（知っている）	ご存じ
寝る	お休みになる

では、次からは、これらの「専用の尊敬語」についての説明です。

✕ （相手に）「どうぞ、温かいうちにいただいてください」

「召し上がる」と「いただく」

相手（上司やお客様など）に「どうぞ、召し上がってください」と尊敬語ですすめると、相手は「では、いただきます」と謙譲語で応じます。

このように、尊敬語と謙譲語は同じ場面で同時に使われるのです。

ですから、この尊敬語と謙譲語の使い分けを正しく理解していないと、相手に「どうぞ、いただいてください」と（×）の言い方をしてしまうのです。

「食べる（飲む）」の尊敬語と謙譲語の関係は、次のようになっています。

尊敬語	普通語	謙譲語
召し上がる あがる	食べる（飲む）	いただく 頂戴する

（注）一般的には「いただく」を使えば十分ですが相手に対して、自分の気持ちをより謙譲的に示したい場合には「頂戴する」を使います。

○ （包装紙など）「開封後は、お早めにお召し上がりください」

「あがる」の用例

尊敬語であっても「あがる」は敬意が低いので「お」を付けて「おあがり」として使うのが一般的です。

- 「店屋物ですが、どうぞ温かいうちにおあがりください」

「飲む」の用例

- 「親方、そんなにお酒を召し上がっては体に毒ですよ」
- 「皆さん、ビールの銘柄は何を召し上がりますか」

「お召し上がる」は（○）

「召し上がる」に「お」を付けた「お召し上がり」は、形は二重敬語ですが、古来、違和感なく使われているので（×）ではありません。

- （食品の袋）「開封後は、お早目にお召し上がりください」（○）

文化庁の「敬語の指針」も、この「お召し上がり」は間違いではないと解説しています。

（192ページ参照）

✕ （社員）「部長、商工会へ伺う際の資料をご用意しました」

「いらっしゃる」と「伺う」

相手（上司やお客様など）が「行く」ことの尊敬語は「いらっしゃる」です。「行く」の尊敬語と謙譲語の関係は、次のようになっています。

尊敬語	普通語	謙譲語
いらっしゃる　おいでになる お越しになる	行く	伺う 参る

「いらっしゃる」の用例

- 「お客様、午後の観光はどちらへいらっしゃるのですか」
- 「部長、イギリスへいらっしゃったことありますか」

（注）「行く」の尊敬語としては「いらっしゃる」が最も多く使われていますが、「おいでになる」や「お越しになる」を使うこともあります。

○ （社員）「部長、商工会へおいでになる際の資料をご用意しました」

「行かれる」の用例

「行く」には「行く＋れる」の形の「行かれる」という尊敬語もあります。

ですから「お客様、午後の観光はどちらへ行かれるのですか」「部長、イギリスへ行かれたことありますか」と言っても（○）です。

しかし、お客様や上司には「いらっしゃる」か「おいでになる」を使うのが好ましいのです。

なお「お越しになる」は「おいでになる」「いらっしゃる」よりも少し敬意が高いように感じますが、「おいでになる」か「いらっしゃる」を使えば相手に対する尊敬語として十分に通用します。

「伺う」の間違いが多い

自分が上司の家に「行く」ときには謙譲語の「伺う（参る）」を使います。

ところが、「伺う（参る）」は謙譲語である、という意識が欠けていると「課長、銀行へ伺う（参られる）ときの資料を用意しました」のような（×）の言い方をしてしまうので要注意です。（詳しくは１３２ページを参照してください）

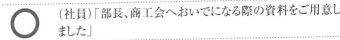

「来る」の意の「いらっしゃる」

「いらっしゃる」には、「行く」「来る」「いる」の、3つの意味がありますので、次は「来る」についての説明です。

尊敬語	普通語	謙譲語
いらっしゃる　おいでになる お越しになる　お見えになる　見える	来る	伺う 参る

- 「皆さん、来年も海水浴にいらっしゃってくださいね」
- 「社長、次回は奥様とご一緒においでになって（おいで）くださいませ」
- 「あら、講師の先生がもうお見えになりました（見えました）よ」

「伺う」と「参る」を相手に使わない

「行く」の意でも「来る」の意でも「伺う（参る）」を相手に使うのは（×）です。

- 「部長、専務のご自宅に伺ったことありますか」（×）→「行く」の意
- 「課長、消防団長の石川さんが参り（参られ）ました」（×）→「来る」の意

「来る」には「来る＋られる」の形の「来られる」という尊敬語もあります。しかし、「来られる」よりも「おいでになる・いらっしゃる・お見えになる」のほうが、敬意が高いので、しかるべき人物には「来られる」以外の尊敬語を使うのが好ましいのです。

「いる」の尊敬語と謙譲語

尊敬語	普通語	謙譲語
いらっしゃる　おいでになる	いる	おる

「いる」には、①「（ある場所に）いる」と、②「（ある行為をして）いる」の、2通りの意味があります。

①（ある場所に）いる→「あの震災の時、部長はどちらにいらっしゃいましたか」

②（ある行為をして）いる→「坂下先生は図書館で論文を書いていらっしゃいます」

「おる」を相手に使うのは（×）

●「根上洋子様、おりましたら1階ロビーまでお戻りください」（×）

→「根上洋子様、いらっしゃい（おいでになり）ましたら1階ロビーまでお戻りください」（○）

✕　（社員）「私は部長が申した（申された）案に賛成です」

「おっしゃる」と「申す」

相手（上司やお客様など）が「言う」ことの尊敬語は「おっしゃる」です。
自分が「言う」ことの謙譲語は「申し上げる」と「申す」です。
その尊敬語と謙譲語の関係は、次のようになっています。

尊敬語	普通語	謙譲語
おっしゃる	言う	申し上げる 申す

「おっしゃる」の用例

- 「皆さん、忌憚のないご意見をおっしゃってください」
- 「胴回りの寸法は、お客様がおっしゃったように直しました」

謙譲語の「申す」を、相手に使って「部長が申した（申された）案に賛成です」というような（×）の言い方が多いので注意が必要です。

✕ （社員）「私は、部長がおっしゃられた案に賛成です」

「言う」には「言う＋れる」の形の「言われる」という尊敬語もあります。ですから「〜お客様の言われたように直しました」と言っても（○）です。しかし「言われる」よりも「おっしゃる」のほうが敬意が高いので、お客様には「おっしゃる」を使うのが好ましいのです。

「おっしゃられる」は（×）

「おっしゃる」に「れる」を付けて「おっしゃられる」という言い方をすると（×）になります。次が、その例です。

● 「胴回りの寸法は、お客様がおっしゃられたように直しました」（×）

例えば、部長が「言った」を尊敬語にするには、①「部長がおっしゃった」、②「部長が言われた」、のどちらか片方を使えばよいのです。

ところが、①と②を混ぜ合わせて「部長がおっしゃられた」という言い方をすると（×）になるのです。

しかし、部長には敬意の高いほうの「おっしゃった」を使うのが好ましいのです。

（二重敬語については192ページで改めて説明します）

△ （部長の前で、係長が）「課長は、このようにおっしゃいました」

上司の、そのまた上司に対する敬語

他社の社員の前では、自分の上司であっても「ウチ」の関係から、身内には敬語を使わないのが基本です。

しかし社内では、上司の課長に対する敬語と、そのまた上司の部長に対する敬語は、どのように使い分けたらよいのか判断に迷うところです。

そのような場面について、文化庁の「敬語の指針」に次のような質問と解説が載っているので挙げてみます。

【質問】 係長の自分が、課長と一緒に部長室に行き3人で話をした。その時に、部長に対して「課長は、このようにおっしゃいました」と言ったら、後で課長から「あのような場面では、わたしに敬語を使わなくてもいいのだよ」と指摘された。

課長も部長も、自分の上司なので、両方に敬語を使ったほうがよいと思ったのだが、どのように考えたらよいのだろうか。

○（部長の前で、係長が）「課長は、このように言われました」

【解説】（要旨）課長の指摘に従えば、課長には敬意を示さずに、部長の前では「課長は、このように申しました」と言えばよいことになる。部長からみれば、課長は「敬意を示す対象ではない」ので、係長の上司であっても、課長には敬意を示さずに（同じ課に属するウチの関係から）「課長は、このように申しました」と謙譲語を使うのがよい。

この場合には「（係長・課長）↓（部長）」という関係になる。

これに対して、係長が課長に敬意を示せば、さらに上司の部長にも敬意を示すことになるので、「課長は、このようにおっしゃいました」と、係長は、課長に対して尊敬語を使ってもよいという考え方もある。

この場合には「（係長）↓（課長・部長）」という関係になる。

ただし、その場合でも、係長が、課長よりも部長に対して、さらに敬意を示すためには、課長に対する敬語を少し抑え気味にして、例えば「課長は、このように言われました」といった程度の表現にすることも考えられる。

（注）抑え気味とは、部長の前で、係長が課長に対して使う敬語は「おっしゃる」ではなく、敬意の低い「言われる」を使うのがよい、という意味です。

✕ （相手に）「月の初めには必ず、健康保険証を持参してください」

「ご持参になる」と「持参する」

「持って行く（持って来る）」の尊敬語と謙譲語の関係は、次のようになっています。

尊敬語	普通語	謙譲語
ご持参になる（ご持参）	持って行く 持って来る	持参する（持参）

「持参する（持参）」の用例

- 「昼食は私がコンビニで買って、会場へ持参します」
- 「このリンゴは、父が田舎から持参したものです」

この「持参する」を相手に使う間違いが多いので注意が必要です。

- 「月の初めには必ず保険証を持参してください」（×）
- 「当日の昼食とお飲み物は、各自で持参してください」（×）

○　（相手に）「身分を証明するものを何か、ご持参ですか」

「ご持参になる（ご持参）」は尊敬語

謙譲語の「持参（する）」に「ご」を付けた「ご持参」を尊敬語として使うことに疑問があるかもしれません。その点について、文化庁に問い合わせたところ「〈ご持参〉を尊敬語として使うことは、違和感なく定着しているので他人の行為に〈ご持参〉を使っても間違いではありません」という回答でした。

それでも「ご持参」を尊敬語として使いたくない人は、「お持ちください」「ご用意ください」「ご提示ください」などのように適宜に言い替えればよいと思います。

「言い替え」の用例

- （持って来る）「月の初めには健康保険証をご持参ください」
　↓「〜お持ちください」「〜ご提示ください」
- （持って行く）「当日の昼食は各自でご持参ください」
　↓「〜ご用意ください」「〜ご準備ください」

✕	（観光地で）「皆さん、歴史資料館を拝見した感想はいかがですか」

「ご覧になる」と「拝見する」

「見る」の、尊敬語と謙譲語の関係は、次のようになっています。

尊敬語	普通語	謙譲語
ご覧になる（ご覧）	見る	拝見する（拝見）

「ご覧になる（ご覧）」の用例

- 「部長は、サスペンスドラマなどはご覧になるのですか」
- 「皆さん、バスの左手をご覧ください。富士山が夕日に輝いています」

「見られる」はあまり敬意が高くない

「見る」には「見る＋られる」の形の「見られる」という尊敬語もあるので「部長は、サスペンスドラマなどは見られるのですか」と言っても（○）です。

しかし「見られる」はあまり敬意が高くないので相手（上司やお客様など）には「ご覧になる」を使うのが好ましいのです。

✕ (社員)「課長、書き直した見積書を拝見されましたか」

「ご覧になる」は略にして「ご覧」として使うこともありますが、敬意のレベルとしては同じです。ただし、次のような「ご覧」は、敬意が失われているので目上に相当する人には使うことができません。

● 「それじゃ、自分でやってご覧」
● 「それご覧、できないでしょう、あなたには無理なのよ」

「拝見する」の(×)の例

「拝見する(拝見)」は謙譲語なので、自分が使うのが基本です。

ところが、相手に使って「皆さん、歴史資料館を拝見した感想はいかがですか」のような言い方をするのは(×)です。

なお「拝見」に「ご・される・なさる」を付けて使うのも(×)です。

● 「ご拝見」→「どうぞ、近くに寄ってご拝見ください」(×)
● 「拝見される」→「課長、書き直した見積書を拝見されましたか」(×)
● 「拝見なさる」→「秘蔵の仏像を拝見なさった感想はいかがですか」(×)

✕ （量販店で）「お支払いはカードと現金、どちらにいたしますか」

「なさる」と「される」

相手が「する」ことの尊敬語は「なさる」です。
自分が「する」ことの謙譲語は「いたす」です。

尊敬語	普通語	謙譲語
なさる	する	いたす

「なさる」の用例

● 「お支払いはカードと現金、どちらになさいますか」
● 「親がそのような事をなさいますと、子供が真似して困ります」

「いたす」は謙譲語なので自分が使うのが基本です。ところが「お支払いはカードと現金、どちらにいたしますか」のように、相手に使う（×）が多いので注意しなければなりません。

この（×）を防ぐには「あなたはナサル、わたしはイタス」と覚えておくと、「親がそのようなことをいたしますと、子供が真似して困ります」というような（×）の言い方を

〇「お嬢さんが結婚されるそうですね」(△)
→「お嬢さんが結婚なさるそうですね」

決してしなくなります。

「なさる」と「される」の違い

次の①と②は、どちらも尊敬語なので、①の言い方でも②の言い方でも（〇）です。しかし、相手（部長）に対する「敬意の差」が違います。

①「部長、お嬢さんが結婚なさるそうですね」
②「部長、お嬢さんが結婚されるそうですね」

①の「なさる」は「専用の尊敬語」ですが、②の「される」は「結婚する＋れる」の形（語尾変化）なので、①の「結婚なさる」のほうが、②の「結婚される」よりも、部長に対する敬意が高いのです。

このように「なさる」は使いやすく敬意も高いので、日常の会話でも大いに使ってほしい尊敬語です。

✕ （司会者）「会議の資料は受付でいただいてください」

「くださる」と「いただく」

相手が、自分に恩恵的な行為を「～してくれる」ことの尊敬語が「くださる」です。その行為を感謝して受けることの謙譲語が「いただく」です。

尊敬語	普通語	謙譲語
くださる	くれる	いただく

「くださる」の用例

「くださる」は、①「（品物を）くれる」と、②「（恩恵的な行為をして）くれる」の2通りに使う尊敬語です。

①（品物を）くれる

→「部長は初孫が生まれたので、皆さんに御馳走してくださるそうです」

②（恩恵的な行為をして）くれる

→「荷物を運んでくださって、どうもありがとうございます」

✕　（社員）「課長、ビールは何の銘柄をいただきますか」

「いただく」の用例

「いただく」は謙譲語なので、自分の行為に使うのが基本です。ところが、次のように相手に使う間違いが多いので要注意です。

● （司会者）「会議の資料は受付でいただいてください」（✕）

● （社員）「課長、素敵なネクタイですね。どなたからいただいたのですか」（✕）

とにかく「いただく」を相手には使わないで、例えば「会議の資料は受付でお受け取りください」「課長、素敵なネクタイですね、どなたからのプレゼントですか」などのように、その内容に適した言い方をしなければなりません。

なお「いただく」には「食べる（飲む）」という意味もありますが、どの意味でも相手に使うと（✕）になります。

● 「課長、ビールは何の銘柄をいただきますか」（✕）
↓「〜何の銘柄を召し上がりますか（お飲みになりますか）」

● 「皆さん、どうぞ冷めないうちにいただいてください」（✕）
↓「〜冷めないうちに召し上がってください（おあがりください）」

✕　（取引先の人に）「私の会社まで来てもらいたいのですが」

「ご足労」と「伺う」

相手（お客様など）に「来てもらう」ことの尊敬語は「ご足労」です。
自分が、先方へ足を運ぶ（行く）ことの謙譲語は「伺う（参る）」です。

尊敬語	普通語	謙譲語
ご足労	来てもらう　行ってもらう	伺う　参る

「ご足労」の用例

● （相手に来てもらう）→「ご足労をおかけして申し訳ありません」
● （相手に行ってもらう）
　→「ご足労ですが、この書類を市役所に届けていただきたいのですが」

尊敬語であっても「ご足労」は、相手に「足を運んでもらう」ことなので、前置きとして「すみませんが」「恐れ入りますが」「申し訳ありませんが」などの言葉を適宜に添えて使う心掛けが必要です。

○（取引先の人に）「私どもの会社までご足労願いたいのですが」

「ご足労」についいは、次のようなフレーズを覚えておくと日常の会話で困ることはありません。

●「ご足労ですが」 ●「ご足労をおかけする」
●「ご足労を願う」 ●「ご足労を煩《わずら》わせる」
●「ご足労をいただく」

自分が先方へ出向くのは「伺う」

相手に来てもらうのではなく、自分が「先方へ足を運ぶ」という場合には、謙譲語の「伺う」か「参る」を使うことになります。

●「そういう事情でしたら、これから御社に伺います」
●「では、時間に遅れないように急いで参ります」

ただし、一般的には「参る」よりも「伺う」を使うのが好ましいのです。

（注）同じ謙譲語でも「伺う」と「参る」は性質（機能）が違うので、それについては132ページを参照してください。

✕ 「課長、専務のご自宅に伺った（参られた）こと、ありませんか」

「お見えになる」と「伺う」

相手（お客様など）が「来る」ことの尊敬語は「お見えになる（見える）」です。自分が、相手の所へ「行く」ことの謙譲語は「伺う（参る）」です。

尊敬語	普通語	謙譲語
お見えになる　見える	来る	伺う　参る

「お見えになる」の用例

「お見えになる」の敬意は「おいでになる」「いらっしゃる」と同じなので、どの言葉を使っても構いません。

- 「昨日の講演会には大勢の方がお見えになり（おいでになり・いらっしゃい）ました。
  この「お見えになる」の敬意を少し軽くしたのが「見える」です。
- 「部長、消防団の山本さんが見えました」

（社員）「捜したのですが、部長はどこにもおりませんでした」

「伺う（参る）」は謙譲語なので、自分の行為に使うのが基本です。ところが、それを相手に使って「課長、専務のご自宅に伺った（参られた）ことありませんか」のような（×）の言い方が多いので要注意です。

「いる」の意味の用例

「お見えになる（見える）」には、「いる」の意味もあります。

尊敬語	普通語	謙譲語
お見えになる　見える	いる	おる

- 「部長は、先ほどまで資料室にお見えになりました（見えました）」
- 「捜したのですが、課長はどこにもお見えになり（見え）ませんでした」

「おる」は謙譲語なので、自分の行為に使うのが基本です。ところが相手に使って、次のような（×）の言い方が多いので要注意です。

- 「部長は、先ほどまで資料室におりました」（×）
- 「捜したのですが、課長はどこにもおりませんでした」（×）

✕ （社員）「社長、外は寒いのでコートを着てお出かけください」

「召す」の多用な使い方

「召す」には「ものごとの状態などを受け入れる」という意味があります。その由来で、相手が「着る・年をとる・風邪をひく・気に入る・食べる」などの尊敬語として使われるようになりました。

尊敬語	普通語
召す	着る　年をとる　風邪をひく　気に入る　など

「召す」の用例

● 「着る」→「社長、外は寒いのでコートを召してお出かけください」

社長に対する敬意を、さらに高くするには「社長、外は寒いのでコートをお召しになってお出かけください」という言い方になります。ですから、身に付ける衣服のことを「お召し物」と言い、その衣服を着替えることを「お召し替え」と言うのです。

× (不動産関係で)「この物件は気に入りましたでしょうか」

●「年をとる」→「会長、お年を召してもお元気で何よりです」
●「風邪をひく」→「皆さん、風邪など召しませんようにご注意ください」
●「気に入る」→「お客様、この物件はお気に召したでしょうか」
●「飲む」→「先生は、お酒を少し召してからお休みになりました」
●「呼ぶ」→「閣下、お召しにより参上いたしました」（現在は映画で見る程度で一般的にはほとんど使われていない）
●「買う」→♪「花を召しませ、召しませ花を…」（昭和の頃に流行した「東京の花売り娘」という歌謡曲の一節）
●「乗る」→「明治村で昔のお召し列車を見学しました」（「召す」は天皇などが「乗る」の意で一般人が乗ることには使わない。明治村は愛知県犬山市にある野外博物館のこと）

「召す」は不動産関係では「この物件は気に入りましたか」ではなく「この物件はお気に召したでしょうか」、衣服店では「着てみてください」ではなく「どうぞ、お召しになってみてください」と、日常的に使いこなせるように身に付けておきたい尊敬語です。

○ （弔電）「ご母堂様のご逝去を心からお悔やみ申し上げます」

「逝去」と「亡くす」

人が「死ぬ」ことの尊敬語は「お亡くなりになる」と「逝去」です。

尊敬語	普通語	謙譲語
お亡くなりになる　逝去	死ぬ	（なし）

弔電や弔辞の場合には「ご」を付けて「ご逝去」とするのが一般的です。

「お亡くなりになる・逝去」の用例

- （弔電）「ご尊父様のご逝去を心からお悔やみ申し上げます」
- 「A社の社長が、こんなに早くお亡くなりになるとは思いませんでした」

「亡くなる」の使い方

「死ぬ」には謙譲語がないので、身内の死については、例えば「祖母が急に死にました」と言うしかないのです。しかし、それではあまりにも直接的なので「死ぬ」の婉曲表現である「亡くなる」を用いて「祖母が急に亡くなりました」と言うのが通例になっています。

✕　「可愛がって飼っていたロン（犬）が亡くなりました」

ただし「亡くなる」にも尊敬語の要素が含まれているので、身内の年少者には使わないのがよいとされています。

しかし現在では、その基準が曖昧になって「弟（妹）が交通事故で亡くなりました」という言い方が多くなっています。

「亡くす」の使い方

「亡くす」は「死なれて失う」という意味です。この「亡くす」は普通語なので「昨年、娘を亡くしました」「早いもので父を亡くしてから3年が過ぎました」のように、身内の年少者にも年長者にも使うことができます。

（注）最近は犬や猫にも「亡くなる」を使う人がいます。しかしペットを可愛いがる個人的な感情と「古来、日本語（敬語）の規範的な使い方は別である」という見識が必要であるように思います。

身近な言葉の「尊敬語と謙譲語」（反復練習）

日頃よく使う言葉の「尊敬語と謙譲語」は、反復練習して無意識のうちにも口から出るように身に付けておく必要があります。

普通語	その「尊敬語と謙譲語」の用例
持って来る	・（尊）「身分を証明する物をご持参ですか」 ・（謙）「はい、免許証を持参しました」
やる（与える）	・（尊）「このお土産は、どなたにおやりになるのですか」 ・（謙）「大家さんに差し上げます」
知る	・（尊）「先日の出来事は、ご存じのことと思いますが」 ・（謙）「はい、よく存じております」
行く	・（尊）「次はいつ、アメリカへおいでになる（いらっしゃる）のですか」 ・（謙）「来月の上旬に参る予定です」
言う	・（尊）「どうぞ、何なりと、おっしゃってください」 ・（謙）「では、率直に申し上げ（申し）ますが…」

読む	・(尊)「課長、社長の論文をお読みになりましたか」 ・(謙)「もちろん、拝読して感動したよ」
いる	・(尊)「奥様はおいでになり(いらっしゃい)ますか」 ・(謙)「はい、裏の畑におります」
する	・(尊)「あなたは、ゴルフをなさるのですか」 ・(尊)「月に2～3度はいたします」
会う	・(尊)「おめかしして、どなたにお会いになるのですか」 ・(謙)「高校の時の、担任の先生にお目にかかります」
見る	・(尊)「どうぞ、手に取ってご覧ください」 ・(謙)「では、失礼して拝見します」

敬語に自信が付くと人と話をするのが楽しくなります。その土台になるのが、「尊敬語と謙譲語」の正しい使い分けです。

「ご苦労様」と「お疲れ様」

●（若い社員）「部長、外回りご苦労様でした」（×）
●（同じく）「部長、外回りお疲れ様でした」（○）

「ご苦労様」は下位者へのねぎらい

江戸の頃の時代劇には、目明かし（岡っ引き）が上役の同心（治安担当の役人）に向かって「旦那、街道筋を荒らしていたスリをお縄にしやした」と言うと、同心が「そーか、それはでかした、ご苦労だったな」と目明かしを労う場面があります。

同じように、現代でもご苦労様は、上位者が「下位者の苦労を労う」場合に使います。ですから、外回りから帰って来た部長に、若い社員が「部長、外回りご苦労様でした」と言うのは好ましくないのです。

若い社員は、気を利かしたつもりでも、部長に「言葉遣いを知らない奴だ」と思われてしまう懸念があります。この2人の気持ちのズレは若い社員が「ご苦労様」と「お疲れ様」の使い分けを理解していなかったことが原因です。

上位の人には「お疲れ様」

下位者が上位の人を労うというのは、もともと不自然ですが一般的には「お疲れ様」が適当であると思われます。『敬語の用法』（角川小辞典6）では「お疲れ様」は「挨拶語

Column

としての尊敬語なので目上の人に使ってもよい」と説明しています。

文化庁の「敬語の指針」も、上司に対して「お疲れ様でございました」と言うのは差し支えないと解説しています。

しかし「お疲れ様」も、上位者に対して使うのは好ましくない、という説もありますが、それでは使う言葉が無くなってしまうので、下位の人には「ご苦労様」、上位の立場の人には「お疲れ様」と言うのが自然な対応であると思われます。

最近は、社員同士で仕事の連絡をする際に、相手に電話が通じたら、まず「お疲れ様です」と言ってから仕事の連絡をする傾向があります。しかし、この言い方はむしろ不自然であるように感じます。

芸能界などでは仕事が終わった後に、全員が「お疲れ様でした」と声を掛け合う習慣がありますが、これはこれで一つの使い方であるように思われます。

「です」「ます」「ございます」

言い方の終わりの部分に「です」「ます」「ございます」を付けると、相手(聞き手)に対する言い方が丁寧になります。ですから、この3語のことを「丁寧語」と言います。

「です」の用例

● 「これは私の家だ」→「これは私の家です」
● 「あれは学校である」→「あれは学校です」

「です」は語尾変化して次のような言い方もします。「明日は雨になるだろう」→「明日は雨になるでしょう」、「その時は小学生だった」→「その時は小学生でした」

「ます」の用例

● 「毎日、電車で通勤している」→「毎日、電車で通勤しています」
● 「これから会社に行く」→「これから会社に行きます」

「ます」は語尾変化して次のような言い方もします。「早く帰ろう」→「早く帰りましょう」、

「そのような事はできない」→「そのような事はできません」

「ございます」の用例

「です」「ます」よりも敬意の高い（へりくだる度合いが大きい）丁寧語が「ございます」です。内容的には、①「です」、②「ある」の、敬意の高い丁寧語です。

①「です」→「ございます」

●「東京は日本の首都です」→「東京は日本の首都でございます」

●「これはリンゴです」→「これはリンゴでございます」

②「ある」→「ございます」

●「机の上に新聞がある」→「机の上に新聞がございます」

●「これは私が書いた小説である」→「これは私が書いた小説でございます」

打ち消す場合には「ございません」となります。

●「この絵は本物ではありません」→「この絵は本物ではございません」

●「そのような事実はありません」→「そのような事実はございません」

「とんでもございません（ありません）」（○）

「とんでもございません」という言い方は間違いで「とんでもないことでございます」というのが正しいのだ、と説明している敬語の本があります。

しかし、そのようなことはありません。若い社員が社長から褒められたので「とんでもないです」と答えたら、あとで課長から「なぜ、とんでもございませんと言えないのか」と叱られたという話があります。

この点について、文化庁の「敬語の指針」に次のような質問と解説が載っています。

【質問】 部長から「いい仕事をしたね」と褒められたので、「とんでもございません」と言ったのだが、この表現はしないほうがよい、とどこかで聞いたことを思い出した。「とんでもございません」のどこが問題なのだろうか。

【解説】（要旨）相手からの賞賛などを謙遜して打ち消す際に「とんでもございません」、「とんでもありません」という言い方は現在かなり広まっている。

この表現はしないほうがよい、という理由は「とんでもない」の、「ない」の部分だけを「ございません（ありません）」に入れ替えて使ってはならない、ということである。

したがって、その立場に立てば「とんでもないことでございます」、あるいは「とんで

Column

ものうございます」にすればよい、ということになる。

しかし「とんでもございません」と「とんでもないことでございます」とでは、表そうとする意味の面で違いがあることに留意する必要がある。

この質問は、褒められたことを、謙遜して否定する場合なので、「とんでもございません（ありません）」を用いることができる。この例で「とんでもないことでございます」と言ったのでは、「あなたが（私を）褒めたことは、とんでもないことである」という意味に受け取られる懸念があるので注意する必要がある。

つまり、相手からの〈褒め〉に対して謙遜して否定する場合には、従来からの「とんでもないです」に加えて「とんでもございません」「とんでもありません」と言っても差し支えないということです。

気の毒なことに、課長に叱られた若い社員の「とんでもないです」という返事は、もともと正しい日本語だったのです。

✕→〇　「ご祝辞は新山一郎様でございます」(×)
→「～新山一郎様でいらっしゃいます」(〇)

「ございます」と「いらっしゃる」

①「ご祝辞を頂戴するのは新郎の上司の新山一郎様でございます」（×）
②「ご祝辞を頂戴するのは新郎の上司の新山一郎様でいらっしゃいます」（〇）

この例で、①の「ございます」が（×）で、②の「いらっしゃる」が（〇）の理由を次の例で考えてみるとよく理解できます。「次の停車駅は東京でございます」というアナウンスの「ございます」は、東京駅（話題の中身）に敬意を示しているのではなく、聞き手（乗客）に敬意を示しているのです。

これを、披露宴の祝辞に当てはめてみると、①の「ございます」の敬意は、新山一郎様（話題の中身）に示しているのではなく、聞き手（招待客）に示しているのです。

一方、②の「いらっしゃる」は尊敬語なので、その行為をする人（祝辞をする人＝新山一郎様）に敬意を示しているのです。

○ 「私の父(母・兄)でございます」
「東京物産の杉谷様でいらっしゃいます」

新山一郎様も披露宴の会場にいる聞き手の一人ですが、「いらっしゃる」を使えば100%の敬意が新山一郎様に届くので、②のほうが望ましいのです。

ですから、司会をする人は「ございます」と「いらっしゃる」の、敬意の向かう先の違いを理解して使い分ける必要があります。

「ございます」は身内に使う

人を紹介する場合には身内(肉親・社内の人物)には「ございます」を使い、相手側の人には「いらっしゃる」を使います。

- 「私の父(母・兄・伯母)でございます」「私どもの会社の、営業課長の倉沢でございます」(先に、相手に紹介する)
- 「こちら、新橋商事の桐本様でいらっしゃいます」(後で、身内に紹介する)

【まとめ】

- 「ございます」は「聞き手」に敬意を示す丁寧語なので「身内」に使う。
- 「いらっしゃる」は尊敬語なので「相手」に使う。

美化語（お酒・お料理など）

美化語という言葉を初めて聞く方もおいでかと思いますが、実は「お天気・お箸・お寿司・お盆・お菓子・お中元・お化粧・お寺・お通夜」など、私たちは毎日、その美化語を使っているのです。次が文化庁の「敬語の指針」による「美化語」の説明です（要旨）。


例えば「お酒は百薬の長なんだよ」などと述べる場合の「お酒」は、尊敬語の「お導き」「お名前」などと違って、〈行為者〉や〈所有者〉に敬意を示すものではない。

また、謙譲語である「（敬意を示す人物への）お手紙」などとも違って、〈向かう先〉に敬意を示すものでもない。さらに、丁寧語とも違って、〈聞き手〉に丁重に述べている、ということでもない。

すなわち、右の例に用いられているような「お酒」は、「酒」という言い方と比較して、単に「ものごとを美化して述べているだけ」である、と考えることができる。

つまり、尊敬語でもなく、謙譲語でもなく、丁寧語でもなく、ただ単に「言葉を美化して述べているだけの語」を、美化語と呼ぶのである。

では「敬語指針」にある「お手紙」を例にして、美化語の意味を確認してみます。

- 「先生からお手紙をもらった」→この「お手紙」は先生が書いたものなので尊敬語です。
- 「先生にお手紙を書いた」→この「お手紙」は自分(私)が書いたものなので謙譲語です。
- 「お手紙なんて最近書いたことないよ」→この「お手紙」は、手紙という言葉を単に美化して言っただけなので、これは美化語なのです。

この「お手紙」のように、私たちが日常的に使っている美化語には、先に挙げた例の他にも「お茶・お手洗い・ご飯・ご祝儀・ご褒美」など、身の周りにたくさんあります。

この美化語は、長い間「です・ます・ございます」と同じ丁寧語であると考えられていました。しかし敬語学者の研究によって「です・ます・ございます」とは性質が違うことが判明したので「美化語」という名前を付けて、平成19年に従来の丁寧語から分離したのです。

ですから、敬語学者や文化庁が勝手に作ったのではなく、昔から「です・ます・ございます」とは性質が違っていたのを、やっと平成の時代になって、その違いに気が付いたので分離した、というだけなのです。

第2章

相手に「好印象を与える言い方」を身につける

◉あるパターンを「丸暗記の要領」で覚え込む。
◉相手に「好印象を与える言い方」を身に付ける。

職場の電話に出ることに不安やストレスを感じる若者たち

最近は「固定電話恐怖症」の若者が多くなっている、という新聞記事を以前読んだことがあります。現代のスマホ時代の若者は、電話の相手は全て友達で、しかも、誰からかかってきたのか分かっているのです。話し方も「今、どこ」から始まって、敬語などは必要ないのです。しかし職場にかかってくる電話（知らない人からの電話）では、そうはいきません。

職場にかかってくる電話では適切な対応ができないと、職場（会社）の信用を落としてしまうので、職場の固定電話に出ることに不安やストレスを感じて「固定電話恐怖症」に陥ってしまうというのです。

敬語については、今までの生活の中で、自分が接客される立場として聞いているので、大体のことは知っているのです。ですから今後は、しっかりと意識して取り組めば、十分に身に付けることができるのです。それには、次の「2つの方法」が有効です。

① あるパターンを「丸暗記の要領」で覚え込む。

② 相手に「好印象を与える言い方」を身に付ける。

この①②について、意識的に取り組んでいただくのが、この章の目的です。

「丸暗記の要領」で覚え込む

「こんなときには、こんな言い方を」

次のような言い方は、聞いて「知っている」ことなので、意識して取り組めば、簡単に身に付きます。敬語は正しい言い方を「丸暗記の要領」で覚え込むのが近道です。

迷惑な時間帯に電話をかけなければならないとき	●朝早くから恐れ入ります ●夜分に申し訳ありません ●お食事時に恐縮でございます ●お仕事中に申し訳ありません
相手にものを頼むとき	●お手数をかけて恐れ入りますが ●ご面倒ですが ●ご都合がよろしければ ●お時間がありましたら ●ご迷惑をお掛けいたしますが

相手にものを尋ねるとき	●少々、お伺いしたいのですが ●お尋ねしたいことがあるのですが ●お差支えなければ、お聞かせください
詫びるとき（断るとき）	●せっかくですが（生憎《あいにく》でございますが） ●お役に立てず申し訳ございません ●大変残念ですが
待ってもらうとき	●こちらで少々お待ちください ●椅子に掛けて暫くお待ちください
相手の連絡が欲しいとき	●お電話をいただけますでしょうか ●ご連絡をお願いできますでしょうか ●ご連絡をお待ちいたしております
迷惑な売り込みを断るとき	●そのようなお話しをお聞きすることはできかねますので失礼します ●いま忙しいのでご免ください

「こんな時には、こんな言い方を」

来客を迎えるとき	●いらっしゃいませ、お待ちいたして（お待ち申し上げて）おりました ●江戸川物産の墨田様でいらっしゃいますね ●担当の者をお呼びしますので、こちらで少々お待ちくださいませ
用件を取り次ぐとき	●どのようなご用件（ご用向き）でしょうか ●課長の柴本ですね、少々お待ちくださいませ ●神田は外出しておりますので、同じ課の者がご用件を承《うけたまわ》る（伺う）ということではいかがでしょうか ●担当の者が参りますので暫くお待ちくださいませ
用件を引き受けるとき	●はい、かしこまりました ●はい、承知いたしました ●はい、ただちに手配いたします

相手の名前を聞くとき	●恐縮ですが、お名前をお聞かせ願えますでしょうか ●大変恐れ入りますが、お名前をお聞かせいただけますでしょうか ●お名前は、どのようにお読みすればよいのでしょうか
伝言を頼むとき	●ご面倒ですが、○○とお伝え願えますでしょうか ●お手数をお掛けして申し訳ありませんが、○○とお伝えいただけますでしょうか
伝言を頼まれたとき	●私、○○が承り（伺い）ましたので□□に、そのように申し伝えます ●□□が戻りましたら、ただ今のご伝言を、責任を持って申し伝えます
相手の電話の声が聞き取りにくいとき	●申し訳ございません、お電話が遠いようですが ●電話が混線しているようですが ●雑音が入ってしまっているようですが

「こんな時には、こんな言い方を」

取引先に無理なお願いをするとき	●ご無理を申して、誠に申し訳ございません ●無理を承知でお願いに伺いました ●不躾《ぶしつけ》なお願いで、心苦しいのですが ●何とか、お力をお貸し願えませんでしょうか
名刺交換のとき	●初めてお目にかかります。○○社の岩井健三でございます、よろしくお願いいたします ●□□社の浅田恵一でございます、お目にかかれて光栄でございます
クレームを受けたとき	●この度は、ご迷惑をおかけして申し訳ございません ●ご指摘いただき問題点があることに気づきました、お礼を申し上げます ●あってはならないミスでございます。以後十分に気を付けます、申し訳ございませんでした

送った資料を見てもらっているかどうかを聞くとき	●先日、資料をお送りいたしましたが、お手元に届きましたでしょうか ●先日、お送りいたしました資料は、ご覧（ご検討）いただけましたでしょうか
価格の折り合いが付かないとき	●私どもといたしましては、精いっぱい勉強させていただいているのですが… ●今後もお取引きいただけますなら、ご希望のようにさせていただきます
交渉を終えたとき	●本日はありがとうございました。今後ともよろしくお願いいたします ●お手数をおかけいたしました。滝沢部長さんにもよろしくお伝えください
見送るとき	●ご契約をいただきありがとうございました ●どうぞ、お気を付けになってお帰りください

相手に「好印象を与える言い方」の例

本社勤務のエリート社員が、地方の支店長へ異動する内示を受けると「飛ばされた」と感じるかもしれません。しかし人事部長から「今度は一国一城の主ですよ」と言われると、その異動を受け入れやすくなります。つまり、同じ内容のことを言うにしても、言い方を変える（工夫する）ことで相手に好印象を与えることができるのです。

これは「詭弁《きべん》を弄《ろう》する」ことではありません。社会人（ビジネスマン）として身に付けておかなければならない素養の一つなのです。

では次に、相手に「好印象を与える言い方」の例を、幾つか挙げてみます。

普通の言い方・行動など	好印象を与える言い方の例
酒席などでセクハラを制止するとき	●お戯《たわむ》れにならないでください ●いつもの○○さんと違いますよ
相当に上位の人から褒められたとき	●いいえ、滅相《めっそう》もないことです ●お言葉を胸に今後も精進いたします
相手の力量などを褒めるとき	●敏腕という言葉がぴったりですね ●さすが、お心遣いが違いますね

落ち込んでいる人を励ますとき	●発想の転換をする機会かもしれないよ ●きっと別な道があるということだよ
著書などのプレゼントを受けたとき	●ご贈恵にあずかりありがとうございます ●熟読して勉強させていただきます
開封後の返品を断るとき	●申し訳ありません、開封後の返品はお許し（ご容赦）ください
メールを見るのを忘れていたとき	●メールの確認を失念しておりました、返事が遅くなって申し訳ありません
気を使ってもらわなくてもいいとき	●お気遣いはご無用に願います ●お気遣いには及びません
自分のいたらなさを詫びるとき	●私の不徳の致すところでございます
社内で検討したがダメだったとき	●社内で検討いたしましたが、今回は見送らせていただきたいと思います

普通の言い方・行動など	好印象を与える言い方の例
送った資料を、よく見てほしいとき	●お送りしました資料をご照査くださいますようお願い申し上げます
（名刺を出して）私、こういう者です	●初めてお目にかかります、私、□□商事の○○でございます（○○と申します）
相手の名前を読めないとき	●大変恐縮ですが、お名前はどのようにお読みすればよろしいのでしょうか
相手の要求を受け入れられないとき	●非常に難しいとは思いますが、検討はさせていただきます
相手に、社員の直帰を伝えるとき	●申し訳ありません、本日、○○は会社には戻らない予定になっております
相手からの返事を催促するとき	●その後ご検討いただけましたでしょうか、ご返事をお待ちいたしております
出過ぎた言い方ですが	●おこがましい言い方ですが

気にしないでください	●お気になさらないでください
○○として嬉しいかぎりです	●○○冥利《みょうり》に尽きます
忘れないようにします	●肝に銘じておきます
恥ずかしいかぎりです	●汗顔《かんがん》の至りです ●忸怩《じくじ》たる思いです
いい結果になって嬉しいです	●いい結果になって望外の喜びです
そのような事情を考えて	●そのような事情を鑑《かんが》みて
いいスタートができました	●幸先《さいさき》のよいスタートになりました
最後までうまくいきました	●有終の美を飾ることができました
何とも言い訳ができません	●何とも申し開きができません
失礼な事を聞くようですが	●不躾《ぶしつけ》な質問をするようですが
いただいた物ですみません	●お持たせで申し訳ありません
私まで、食べさせてもらってすみません	●私まで、ご相伴《しょうばん》にあずかり、ありがとうございます

「改まり語」を適宜に使う

例えば「きのうはお世話になりました」と「昨日はお世話になりました」は同じ内容です。しかし「きのう」と言うよりも「昨日」と言ったほうが「改まった感じ」がするので、相手に「好印象を与える」ことができます。

このように、敬語そのものではないが相手に改まった感じを与える言葉のことを「改まり語」と呼んでいます。

会話の中に「改まり語」を適宜に混ぜて使うと、その後に続く言葉も自然と丁寧になるので、敬語と、その周辺の言葉遣いの調和がうまく保たれるのです。つまり「改まり語」は言葉遣いを丁寧にする上で、大切な役割を果たしているのです。

では次に、日常的によく使われている「改まり語」の例を幾つか挙げてみます。

すぐに→直ちに	いくら→いかほど
この前→前回	この次→次回
さっき→先ほど	どう→いかが
この間→先日	どっち→どちら

ゆうべ→昨夜	どれくらい→いかばかり
おととい→一昨日	こっち→こちら
おととし→一昨年	謝る→謝罪する
きょう→本日	送る→送付する
あした→明日	待つ→待機する
ことし→本年	作る→作成する
あさって→明後日	配る→配布する
ちょっと→少々	確かめる→確認する
始める→開始する	頼む→依頼する
忘れる→失念する	終わる→終了する

これらの「改まり語」は一語一語を知識として「覚える」というよりも、他人の話し方やドラマの台詞を注意して聞くことによって自然に身に付くようになります。ですから、敬語を引き立てる「改まり語」を適宜に使う意識を持つことが大切です。

第3章

尊敬語は6つの語形で覚えられる

◉毎日使っていることなので、今まで「語形」という意識が無かったことが、むしろ残念なことである。

◉尊敬語には「6つの語形」があるが、全て自由自在に使っているものばかりである。

整理するだけで簡単に理解できる

あなたは、日本語を自由自在に話していても、今までは「語形」という意識が無かったものと思います。

例えば、何かの手続きをする際に「身分を証明する物をお持ちですか」と聞かれます。この「お持ちですか」という言い方は、相手（話し手）が尊敬語の「お〜〜です」という語形を使って、あなたに敬意を示しているのです。

また、あなたが、部長の自宅に招かれて「素晴らしいご自宅ですね」と言ったとすると、あなたは、尊敬語の「ご〜〜です」という語形を使って、部長に敬意を示しているのです。

このように、使うほうも聞くほうも、語形という意識が全くなくても、お互いの会話の中には幾つかの語形が使われているのです。

この「語形」には、謙譲語の語形もあるのですが、ここでは尊敬語の語形についてだけ説明することにします。説明といっても毎日使っている言い方を単に整理するだけなので、その用例を見れば簡単に理解できます。

尊敬語には「6つの語形」がありますので、それを一つずつ取り挙げて詳しく説明するのが、この章の目的です。

①「お（ご）～～です」

尊敬語の語形	その用例
「お（ご）～～です」	（持つ）→「課長、いい車をお持ちですね」 （旅行する）→「ご旅行ですか、それは楽しいですね」

この語形の例を、もう少し挙げてみましょう。

「お～～です」の例

- （帰る）→「社長がお帰りです」
- （悩む）→「元気がありませんね、何かお悩みですか」

「ご～～です」の例

- （出発する）→「いよいよ明日は、アメリカへご出発ですね」
- （到着する）→「お泊りのお客様が、ご到着です」

この例を見て「難しい」と思う人は一人もいません。敬語は「語形で覚える」というと、いかにも難しいことのように感じますが、そんなことはないのです。
ですから「語形アレルギー」の感覚を捨ててほしいのです。

「語形」は、言葉の部品である

普通語は何もしなければ、いつまでたっても普通語のままなので、その普通語を尊敬語にするには何らかの成分（言葉の部品）を付け加えなければなりません。

その部品には、次の「3つ」があります。

①小さな部品→「お・ご・御・貴・尊」など
②中ぐらいの部品→「れる・られる」
③大きな部品→「お（ご）〜〜です」「お（ご）〜〜になる」など

このように考えると「語形」の意味を簡単に理解できるものと思われます。

この章は、③の「大きな部品」について説明するのが目的です。しかし、その前に②の説明をしておいたほうが、③の理解も深まりますので、次はいったん、②の説明をすることにします。

「れる・られる」を付けた尊敬語

普通語の言葉（動詞）に「れる・られる」を付けると、次のように、その言葉を尊敬語にすることができます。

● 「読む＋れる」→「課長は、推理小説なども読まれるのですか」
● 「言う＋れる」→「あなたの言われる事に、私は賛成できません」
● 「来る＋られる」→「部長、江戸川物産の葛西専務さんが来られました」
● 「見る＋られる」→「先生は、外国映画などは見られるのですか」

「れる・られる」を付けた尊敬語は広く使われていますが「専用の尊敬語」に比べるとそれほど敬意は高くないのです。

この点について、文化庁の「敬語の指針」に、次のような質問と解説が載っているので挙げてみます。

【質問】 東京の大学に通う地方出身の大学生が、クラスのコンパについて、担任の先生に、「先生も行かれますか」と尋ねたが、敬語の使い方は、これでよかったのだろうか。

△→○　（大学生）「先生も行かれますか」
→「先生もいらっしゃいますか」

【解説】（要旨）「行かれますか」よりも「いらっしゃいますか」のほうがよい。「行かれますか」も間違いではないが、東京圏における敬語としては、「行かれる」よりも「いらっしゃる」のほうが敬意の程度も高く、より一般的だと言える。

平成9年に実施した文化庁の「国語に関する世論調査」によれば、「明日の会議で意見を言うか」の、「言う」について尋ねたところ地域ブロックによって異なることが判明した。関東では「おっしゃいますか」が41・2％、「言われますか」が34・1％、であるのに対して、近畿では「おっしゃいますか」が40・4％、「言われますか」が48・1％と、逆の結果が出た。

なお関東ブロックのうち東京都区内に限ってみると「おっしゃいますか」が47・1％、「言われますか」が34・3％と、「おっしゃいますか」を選択した割合が高い。「言われますか」については、近畿ブロックだけでなく、西日本全域で最も高く選択されていることも明らかになっている。

② 「お（ご）〜〜になる」

尊敬語の語形	その用例
「お（ご）〜〜になる」	（書く） ↓「先生、次はどんな小説をお書きになるのですか」 （出席する） ↓「講演会には大勢の方がご出席になりました」

この語形の例を、もう少し挙げてみましょう。

「お〜〜になる」の例

- （持つ）↓「整理券は、各自でお持ちになってください」
- （並ぶ）↓「皆さん、ご乗車の際は一列にお並びになってください」

「ご〜〜になる」の例

- （質問する）↓「講師の先生に、何かご質問になりたいことはありませんか」
- （出発する）↓「部長、アメリカへご出発になるのはいつですか」

△→○ 「部長が、そのように話されました」
→「〜お話しになりました（おっしゃいました）」

「敬意の差」を理解する

例えば「話す（言う）」を尊敬語にするには、次の、3通りの言い方があります。

①「れる」を付ける→「部長が、そのように話されました」
②「お〜〜になる」を付ける→「部長が、そのようにお話しになりました」
③「専用の尊敬語」の「おっしゃる」を使う→「部長が、そのようにおっしゃいました」

この3通りのうち、部長に対する敬意の高さは、①よりも②が高く、②よりも③が高いのです。

これは、大学生が「先生もコンパに行かれますか」よりも「先生もコンパにいらっしゃいますか」のほうが好ましいのと同じ内容です。

ですから、ビジネスマン（社会人）として「れる・られる」を付けた尊敬語しか使えないようでは心許ないので「お（ご）〜〜になる」や「専用の尊敬語」を使いこなせるように習熟することが好ましいのです。

③「お（ご）〜〜になれる」

尊敬語の語形	その用例
「お（ご）〜〜になれる」	（持ち帰る）→「温かいピザ、お持ち帰りになれます」 （利用する）→「この施設は個人でもご利用になれます」

コロナ禍の影響で、食品業界がテイクアウトを積極的に行った時期がありました。その際には、街中で「美味しい餃子、お持ち帰りになれます」などの貼り紙をよく見ましたが、この言い方は、先述の「お（ご）〜〜になる」の可能形です。

では、この語形の例を、もう少し挙げてみましょう。

「お〜〜になれる」の例

- （読む）→「（美容院で）頭のセットをしながら（本を）お読みになれます」
- （乗り換える）→「次の駅で、特急電車にお乗り換えになれます」

「ご〜〜になれる」の例

× → ○ 「温かいピザ、お持ち帰りできます」
→「温かいピザ、お持ち帰りになれます」

● (利用する) →「この駐車場は24時間ご利用になれます」
● (使用する) →「故障、このトイレはご使用になれません」(否定形の言い方)

ところが現在、謙譲語の「お(ご)〜〜できる」と混同して、次のような間違いの言い方が多く見られます。

●「温かいピザ、お持ち帰りできます」(×) →「〜お持ち帰りになれます」(○)
●「故障、このトイレはご使用できません」(×) →「〜ご使用になれません」(○)
●「この保険は75歳までご加入できます」(×) →「〜ご加入になれます」(○)

これらの言い方が(×)の理由は、「ピザを持ち帰る」のも、「特急に乗り換える」のも、「保険に加入する」のもお客様なので、お客様には「お(ご)〜〜になれる」を使わなければならないのです。

この点について、文化庁の「敬語の指針」にも質問と解説が載っているので、117ページで改めて説明します。

ここでは「温かいピザ、お持ち帰りになれます」という正しい言い方だけを頭に入れておいていただきたいと思います。

④「お（ご）～～なさる」

尊敬語の語形	その用例
「お（ご）～～なさる」	（書く）→「これは、島田先生がお書きなさった絵です」 （質問する）→「ご質問なさる方は挙手をお願いします」

この語形の性質（働き）は、先述の「お（ご）～～になる」とほぼ同じです。
では次に、この語形の例をもう少し挙げてみます。

「お～～なさる」の例

- （喜ぶ）→「それを聞いたら、ご両親がお喜びなさることでしょう」
- （大事にする）→「どうぞ、お大事になさってください」

「ご～～なさる」の例

- （説明する）→「その件は、理事長がご説明なさるそうです」
- （努力する）→「今回の成功は、皆さんが懸命にご努力なさった結果ですよ」

また「お（ご）～～なさい」という語形もありますが、これは形の上では相手に対する指示（命令）になるので、目上に当たる人には使うことができません。

⑤「お（ご）～～なさい」

尊敬語の語形	その用例
「お～～なさい」	（やめる）→「そのような下品なことは、おやめなさい」 （決める）→「自分のことなので、自分でお決めなさい」
「ご～～なさい」	（説明する）→「なぜこうなったのか、ご説明なさい」 （心配する）→「人のことより、自分のことをご心配なさい」

なお、「お・ご」を付けないで「なさい」だけで使うこともありますが、その場合には、相手に対して、より強い指示（命令）の言い方になります。

- （やめる）→「そのような下品なことはやめなさい」
- （決める）→「自分のことなので、自分で決めなさい」
- （説明する）→「なぜこうなったのか、説明しなさい」
- （心配する）→「人のことより、自分のことを心配しなさい」

⑥「お（ご）〜〜くださる」

尊敬語の語形	その用例
「お〜〜くださる」	（書く）→「森本先生が、紹介状をお書きくださるそうです」 （導く）→「私をお導きくださってありがとうございます」
「ご〜〜くださる」	（援助する）→「開店資金をご援助くださって感謝です」 （記入する）→「アンケートにご記入くださるように願います」

「くださる」は相手からの恩恵的な行為に感謝するために使う尊敬語です。その気持ちを更に丁寧な表現にするのが「お（ご）〜〜くださる」の語形です。

例えば選挙の時に、候補者が「最後まで、ご支援くださるようお願いします」と叫んでいるのは、自分に恩恵（当選）を与えてくれるように「お（ご）〜〜くださる」の語形を使って訴えているのです。

この言い方は、自分に恩恵を与えてくれる人物に敬意を示す尊敬語なので、他人の前で、身内に使うと（×）になります。次がその例です。

✕ 「（他人の前で）「大学を卒業するまで伯父が学費をご援助くださったのよ」

「身内に使う」のは（×）

例えば他人の前で「私が大学を卒業するまで伯父が学費をご援助くださったのよ」という言い方をすると（×）になります。身内には「〜〜援助してくれたのよ」と言わなければなりません。

ただし、身内だけ（ウチ）の場合には、伯父に敬意を示すのは当然なので、この言い方で（○）です。これは、普段は上司に尊敬語を使って話すが、他社では謙譲語（普通語）を使って話すのと同じ関係です。

「お（ご）〜〜ください」の用例

これは、最も多く使われている語形です。

● （お〜〜ください）→「ご自由にお持ちください」「少々お待ちください」
● （ご〜〜ください）→「足元にご注意ください」「無断駐車はご遠慮ください」

このように、私たちの会話は「語形」によって成り立っている割合が多いので「敬語は語形で覚える」という意識を持つことが大切です。

第4章

「専用の謙譲語」を使いこなして間違い・勘違いをなくす

●敬語の間違いは「謙譲語がらみ」のものが多い。

●「いただく」「おる」「いたす」などを、尊敬語であると勘違いして相手側に使う間違いが見られるので要注意

最初から謙譲語の性質（機能）を備えている言葉がある

普通語は何もしなければ、いつまでたっても普通語のままなので、それを謙譲語にするには、何らかの成分（言葉の部品）を付け加えなければなりません。

その部品というのは次の、①と②です。

①「弊・拙・愚・粗」などを付ける

②「お（ご）～～する」「お（ご）～～申し上げる」などの語形を付ける

ところが、それらの部品を付けないでも、最初から謙譲語の性質（機能）を備えている言葉があります。

それを「専用の謙譲語」と言いますが、その「専用の謙譲語」には、

③「申し上げる」「お目にかかる」「伺う」「いただく」「差し上げる」などがあります。

私たちは、毎日、この①②③を組み合わせてコミュニケーションをしているのですが、今までは意識することなく使っていたので、これからは「意識して使いましょう」ということです。

この章の目的は、謙譲語を説明することですが、説明といっても誰もが知っていることを単に整理するだけです。では、まず①と③の説明から始めます。

謙譲語はこうして作る

謙譲語を作る漢字

●弊（よくない）↓弊社　弊店
●粗（そまつな）↓粗品　粗茶　粗食　粗飯
●拙（よくない）↓拙著　拙宅　拙者　拙僧
●愚（おろかな）↓愚見　愚考　愚案　（昔は、愚妻などとも言いました）
●小（つまらない）↓小社　小職　小紙　小生
●寸（ほんの少し）↓寸志　寸楮《すんちょ》（自分の手紙を謙遜する語）
●拝（相手に敬意を示す）↓拝見　拝読　拝聴　拝借　拝受　拝啓

「ども・め」などを付ける

「私どもの会社では…」「せがれめが…」などと言う場合の「ども」や「め」は、謙譲語を作る接尾語です。その接尾語には他に、次のようなものがあります。

●ども↓私ども　手前ども（手前どもでは、そのような商品は扱っておりません）
●め↓せがれめ（せがれめが、とんだ不始末を起こして申し訳ございません）

●ら→私ら　僕ら

ただし「ら」はマスコミで等では「藤田健吉教授ら3人に文化功労賞を授与」などのように、単なる「複数」を表す意味として使っています。

しかし「お前ら・あいつら・こいつら」のように、「ら」には相手を見下す意味が含まれているので、個人に使う場合には注意が必要です。

●儀→亀山三郎儀　私儀（わたくしぎ）

儀は「私儀、このたび転勤になりました」「故 柴川健一郎儀 告別式場」などのように使われています。

この謙譲語に関して、文化庁の「敬語の指針」に次のような質問と解説が載っているので挙げてみます。

【質問】大きな会社なのに「小社」と言ったり、優秀な子供なのに「愚息」と書いたり、自信を持って書いた原稿までも「拙稿」と言うのは、何か卑屈な言い方に感じてしまう。

相手に関わるものは「大きく・高く・美しい」
自分に関わるものは「小さく・低く・粗末だ」

こうした表現については、どう考えればよいのだろうか。

【解説】（要旨）敬語を使うことによって、相手に関わるものは大きく・高く・立派で・美しいと表すことができる（ご高配・ご尊父・玉稿など）。

反対に自分に関わるものは小さく・低く・粗末だと表すこともできる（小社・愚見・拙稿など）。しかしそれは、言葉としての約束事であって、必ずしも実際にそのように認識しているわけではない。

自分に関わることを、小さく表すことは卑屈さではなく、相手に配慮を示す意識で使われているのである。

このような敬語の他にも、自信を持って作った料理でも「お口に合いますかどうか分かりませんが、どうぞ」といった表現などがある。これも、おいしくないのに勧めるということではなく、自分の判断を押し付けないという意味で、相手に対する配慮を示したものである。

もちろん「今日はおいしくできたと思いますので、召し上がってみてください」というように、自分の判断を率直に表すことで、相手に対する配慮を示すことも可能である。

専用の謙譲語

「弊・愚・小」などを付けないでも最初から謙譲語になっている言葉（専用の謙譲語）があります。日常的によく使う謙譲語には次のような言葉がありますので、尊敬語と合わせて挙げてみます。全て、あなたの知っている言葉ばかりです。

謙譲語	普通語	尊敬語
拝見する（拝見）	見る	ご覧になる（ご覧）
持参する（持参）	持って来る　持って行く	ご持参になる（ご持参）
差し上げる　あげる	やる（与える）	おあげになる
いただく　頂戴する	もらう	おもらいになる
お聞きする（お尋ねする）	聞く（尋ねる）	お聞きになる（お尋ねになる）

次からは、それらの「専用の謙譲語」についての説明です。

✕ （社員）「部長、書き直した見積書を拝見されましたか」

「拝見する」と「ご覧になる」

拝の字は、手を合わせて「拝む形」を表しています。その由来で「拝む人」よりも「拝まれる側」のほうが上位である、という見立てから、拝見・拝読・拝聴・拝借・拝啓など拝の付く言葉は、みな謙譲語です。

「見る」の尊敬語と謙譲語の関係は、次のようになっています。

尊敬語	普通語	謙譲語
ご覧になる（ご覧）	見る	拝見する（拝見）

「拝見する」は謙譲語なので、自分の行為に使うのが基本です。

- 「会社の古い記念誌で、専務の若い頃の写真を拝見しました」
- 「お宅の古文書を拝見して、この村の昔の様子がよく理解できました」

×　（観光地で）「皆さん、秘蔵の仏像を拝見なさった感想はいかがですか」

ところが「拝見する（拝見）」を相手（上司やお客様など）の行為に使う間違いが多いので注意が必要です。

それが次の例です。

●（社員）「課長、書き直した企画書を拝見されましたか」（×）

●（観光地で）「皆さん、国宝の仏像を拝見なさった感想はいかがですか」（×）

以前、講師が「長時間のご拝聴ありがとうございました」と言ったのを聞いたことがあります。

しかし拝聴は謙譲語なので相手（聴衆）に使うのは（×）です。

「拝見する」の誤用

「拝見する」の間違いには、次の「4つのパターン」があります。

①（「拝見する」をそのまま使う）→「近くに寄って拝見してください」（×）
②（「ご」を付けて使う）→「どうぞ、手に取ってご拝見ください」（×）
③（「される」を付けて使う）→「課長、新しく作り直した見積書を拝見されましたか」（×）
④（「なさる」を付けて使う）→「皆さん、天然記念物を拝見なさったご感想はいかがで

×　「新聞記事を拝読して思うことは、世相が殺伐としていることです」

すか」（×）

この（×）を正すには、①から④までの全てについて尊敬語で「ご覧になって（ご覧）ください」と言わなければなりません。

以前、告別式で、司会者が

「喪主様のご挨拶がありますので、ご拝聴のほどお願いいたします」

と言ったのを聞いたことがあります。相手（弔問客）には尊敬語で「〜ご清聴ください」と言わなければなりません。

「ご清聴」は、ビジネス文書などで使われる「ご清祥」や「ご清栄」と同じ仲間の尊敬語です。

人間以外のことに「拝」の字の付く言葉を使わない

敬語は人間に使うもので、人間以外のことに使うと（×）になります。

●「日本史を勉強するために、高校講座を拝見しています」（×）

●「図書館から何冊も拝借してくるが、なかなか読みきれません」（×）

なぜ、このような（×）の言い方をしてしまうのでしょうか。それは「拝見する」や「拝聴する」を尊敬語であると勘違いしているからです。

ですから、拝の付く言葉は全て「謙譲語である」という基礎的な知識を身に付けておかなければなりません。

× → ○ 「各自、筆記用具を持参してください」
→「〜筆記用具をご持参ください」

「持参する」と「ご持参」

「持って来る（持って行く）」の尊敬語と謙譲語の関係は、次のようになっています。

尊敬語	普通語	謙譲語
ご持参になる（ご持参）	持って来る　持って行く	持参する（持参）

「持参する」は謙譲語なので、自分の行為に使うのは基本です。

- （持って来る）→「部長の好物だと伺ったので、スイカを持参しました」
- （持って行く）→「課長、会議の資料は私が印刷して持参します」

ところが、謙譲語の「持参する」を相手（上司やお客様など）の行為に使う間違いが多いので、注意しなければなりません。

- （持って来る）→「月の初めには健康保険証を持参してください」（×）
- （持って行く）→「当日は、念のために雨具を持参してください」（×）

○→○ 「身分を証明する物をご持参ください」
→（言い替え）「～ご用意ください」

相手には尊敬語を使って、次のように言わなければなりません。

●「月の初めには、健康保険証をご持参ください」
●「当日は、念のために雨具をご持参ください」

「ご持参」に対する疑問

「持参する」は謙譲語なので、「ご」を付けた「ご持参」を尊敬語として使うことに疑問があるかもしれません。その点を、筆者が文化庁に問い合わせたところ「ご持参」は、何の違和感もなく尊敬語として定着しているので、相手に使っても「間違いではありません」という回答でした。

「ご持参」を、尊敬語として使いたくないと思う方は、言い方を工夫して、例えば「お持ちください」「ご提示ください」「ご用意（ご準備）ください」などに言い替えればよいと思います。

●「月の初めには、健康保険証をお持ちください（ご提示ください）」
●「当日は、念のために雨具をご用意ください（ご準備ください）」

✕　「今日は暑いので、庭の植木に水をあげようかなー」

「金魚にエサをあげる」（×）

「あげる」は物を高い所に移すことです。その由来で「あげる」という行為をする人よりも、その行為を受ける人のほうが「上位である」という見立てから、①人に「（物を）やる」、②人に「（恩恵的なことをして）やる」の、謙譲語になりました。

「あげる」の尊敬語と謙譲語の関係は、次のようになっています。

尊敬語	普通語	謙譲語
おあげになる	やる（与える）	差し上げる　あげる

「あげる」は謙譲語なので次のように、自分の行為に使うのが基本です。

①「（物を）やる」→「澤本君（友達）の結婚祝いに何をあげようかな」

②「（恩恵的なことをして）やる」→「荷物が多いですね、私が半分持ってあげましょう」

✕　（テレビの出演者）「雷の時には、コンセントを抜いてあげる」

「あげる」は〈あげる先の人物〉に敬意を示す謙譲語なので、「植木に水をあげる」「マミー（猫）にエサをあげる」などの言い方は、古来、日本語（敬語）の規範的な使い方ではないのです。ところが最近は、このような（×）の言い方が多くなっています。

平成7年に行った「国語に関する世論調査」では、「うちの子供におもちゃを買ってやりたい」と「買ってあげたい」の、どちらを使うかの問いに対して、前者は58・5％で、後者は35・8％であったが、令和2年に行った同じ調査では「やりたい」派が34・5％で、「あげたい」派が64・2％に変化していたそうです。

テレビの高校講座では「AをBで割ってあげる」、料理番組では「野菜の煮汁をよく絞ってあげる」、「雷の時にはコンセントを抜いてあげる」などと言っている出演者がいます。これは「AをBで割る」「野菜の煮汁をよく絞る」「雷の時はコンセントを抜く」と言うのが普通の言い方です。

現在は「あげる」の使い方が乱れていますが、本来「あげる」は謙譲語なので、このような珍妙な言い方を真似しないようにしたいものです。

✕ 「この記念品を、後で、奥様からご主人に差し上げてください」

「差し上げる」は、その行為者が使う

「あげる」は、単に「やる」の言い替えであるかのように「植木に水をあげる」「金魚にエサをあげる」などの言い方をする人が増えています。

その点「差し上げる」は〈差し上げる先の人物〉に敬意を示す、という謙譲語の性質（機能）を純粋に保っています。

●（物を、やる）→「ご来場の皆様に、漏れなく記念品を差し上げます」

●（恩恵的な行為をして、やる）→「お婆ちゃん、字が小さいので、私が読んで差し上げましょうか」

ただし「差し上げる」は直接、その行為をする人が使う謙譲語なので、他人の行為に使うと（×）になります。次がその例です。

●「この記念品を後で、奥様からご主人に差し上げてください」（×）

この言い方で、後で実際に記念品を渡す行為をするのは「奥様」です。

○ (店主が店員に)「この土産品を、君から村山さんに差し上げてくれないか」

その奥様に「差し上げる」を使うと、奥様の行為を「へりくだらせてしまう」ことになるので(×)です。では、どのように言えばよいのでしょうか。

それは、言い方を変えて(工夫して)、例えば「この記念品をご主人に差し上げたいので、後で奥様からお渡しください」とすれば、この「差し上げる」は、話し手(自分)の意思になるので(○)です。

ですから「差し上げる」を使う際には、この点の理解が大切です。

「差し上げる」を他人に使ってもよい例

次は、例外的に「差し上げる」を他人の行為に使っても(○)の例です。

● (店主が店員に)「この料理を2階のお客様に差し上げて…」

この言い方で、実際に、お客様に料理を渡すのは店員(他人)です。しかし、店主と店員は一体で、お客様に敬意を示す立場なので、店主が、店員の行為に「差し上げる」を使っても(×)にはならないのです。

これは、あくまでも例外としての使い方なので「差し上げる」は直接、その行為をする人が使う謙譲語である、と理解しておく必要があります。

✕ （社員）「課長、父が上京するのでお目にかかっていただけませんか」

「お目にかかる」と「お会いになる」

相手（上司やお客様など）に「会う」ことの、尊敬語と謙譲語の関係は、次のようになっています。

尊敬語	普通語	謙譲語
お会いになる	会う	お目にかかる　お会いする

「お目にかかる」と「お会いする」は〈会う先の人物〉に敬意を示す謙譲語なので、自分の行為に使うのが基本です。

- 「初めてお目にかかります、私、横浜商事の藤沢拓郎と申します」
- 「私、木原と申しますが、井島営業課長さんにお会いしたいのですが」

ところが、その謙譲語を相手に使う間違いが多いのです。

- 「課長、父が上京しますので、お目にかかっていただけませんか」（×）

✕　（社員）「課長、商工会の増田さんにお会いする予定はありませんか」

●「コーチ、この施設のオーナーにお会いしたことありますか」（×）

相手には尊敬語を使って「課長、父が上京しますので、お会いになっていただけませんか」「コーチ、この施設のオーナーにお会いになったことありますか」と言わなければなりません。

なお、同じ謙譲語でも「お目にかかる」のほうが「お会いする」よりも少し敬意が高い（へりくだる度合いが大きい）ので、しかるべき相手には「お目にかかる」を使うのが好ましいのです。

「するは謙譲、なるは尊敬」（復習）

謙譲語の「お会いする」と、尊敬語の「お会いになる」は間違いやすいのですが、語尾の2字（2音）の違いに着目して「するは謙譲、なるは尊敬」と覚えておくと、決して間違えることはありません。

●「課長、商工会の増田さんにお会いする予定はありませんか」（×）
●「課長、商工会の増田さんにお会いになる予定はありませんか」（○）

この方法で覚えておくと「課長、商工会の増田さんにお会いする予定はありませんか」という（×）の言い方を、二度としなくなります。

✕ （社員）「部長、あの方が部長に骨董品をお目にかけたいそうです」

「お目にかける」と「お見せになる」

目上の相手に、物を「見せる」ことの尊敬語と謙譲語の関係は、次のようになっています。

尊敬語	普通語	謙譲語
お見せになる	見せる	ご覧に入れる　お目にかける　お見せする

「ご覧に入れる・お目にかける・お見せする」は〈見せる先の人〉に敬意を示す謙譲語ですが、敬意の高さ（へりくだる度合いの大きさ）は「ご覧に入れる」「お目にかける」「お見せする」という順になっています。

しかし一般的には「お目にかける」を使えば十分に通用します。

● （芸人）「次にご覧に入れますのは、コマの刃渡りの芸でございます」
● （社員）「部長、内密にお目にかけたい書類があります」
● （旧家の主人）「今日は皆さんに、私の家に伝わる古文書をお見せします」

○ （芸人）「次にご覧に入れますのは真剣白羽の独楽《こま》渡りの芸でございます」

ところが、その謙譲語を相手（上司など）に使う間違いが多いのです。

●（社員）「部長、あの方が、部長に骨董品をお目にかけたいそうです」（×）

相手（あの方・来訪者）には尊敬語で「あの方が、部長に骨董品をお見せになりたいそうです」と言わなければなりません。

テレビを見ていると、芸人が「次にご覧に入れますのは、○○の芸でございます」という口上をすることがあります。その芸人は厳しい修業を積んで身に付けた芸なので、その自信から敬意の高い「ご覧に入れる」を使っているように感じます。

ごく日常的な会話では「お見せする」で通用しますが、しかるべき相手には「お目にかける」か、状況によっては「ご覧に入れる」を使うのが好ましいと思います。

一般的に、敬語には2〜3段階の「敬意の差」がありますので、それを理解して相手と場面に応じて、適宜に使い分けができるように、習熟しておきたいものです。

✕ （司会者）「受付でいただいた資料の5ページを開いてください」

「いただく」を身内に使わない

「もらい物」のことを「いただき物」と言います。

これは、物をくれた相手に敬意を示す（感謝する）ために、普通語の「もらう」を謙譲語の「いただく」に言い替えているのです。

「もらう」の尊敬語と謙譲語の関係は、次のようになっています。

尊敬語	普通語	謙譲語
おもらいになる	もらう	頂戴する　いただく

謙譲語には「頂戴する」と「いただく」の2語がありますが、「頂戴する」は漢語である分、「いただく」よりも少し敬意が高いのです。

しかし、一般的には「いただく」を使えば十分に通用するので「いただく」の例で説明します。

- 「入社記念に、社長から時計をいただきました」
- 「合格祝いに、塾の先生から辞書をいただきました」

×　（主婦）「主人には定年後も働いていただきいたいと思っています

ところが、謙譲語の「いただく」を相手（上司やお客様など）に使う（×）が多いので注意しなければなりません。

●（司会者）→「受付でいただいた資料の5ページを開いてください」（×）

「もらう」の尊敬語は「おもらいになる」ですが、この言葉はあまり使われていないので「受付でお受け取りになった資料の5ページを開いてください」などのように言い方を工夫するのがよいと思います。

いただく先の人物が「身内」では（×）

「いただく」は〈いただく先の人物〉に敬意を示す謙譲語なので、その人物が身内であってはなりません。

●（主婦）→「主人には定年後も働いていただきたいと思います」（×）

●（父親）→「子供が生まれたので、子供から頑張るエネルギーをいただきました」（×）

身内には謙譲語を使わないで「～働いてもらいたい（ほしい）と思います」「～子供から頑張るエネルギーをもらいました」のように言わなければなりません。

✕ （街頭演説の司会者）「では、候補者からご挨拶をいただきます」

「候補者からご挨拶をいただきます」（×）

「いただく」は〈いただく先の人物〉に敬意を示す謙譲語なので、その人物が「ウチ」か「ソト」かによって、（×）にもなり（○）にもなります。

社内の忘年会で、司会者は「社長からご挨拶をいただきます」と言います。この「いただく」は社長（身内）に敬意を示す言い方ですが、社員が、社長に敬意を示すのは当然のことなので（○）です。

しかし選挙の街頭演説で、司会者が「候補者からご挨拶をいただきます」と言うと、この「いただく」は聴衆（有権者）の前で、候補者（身内）に敬意を示したことになるので（×）です。

同じく株主総会で、司会者が「社長からご挨拶をいただきます」と言うと、この言い方は、大勢の株主の前で、司会者は社長（身内）に敬意を示したことになるので（×）です。ですから司会者は、その会が「ウチ」の会か「ソト」の会か、を判断して使い分けなければなりません。

この点に関して、文化庁の「敬語の指針」に次のような質問と解説が載っているので挙げてみます。

× （株主総会の司会者）「では、社長からご挨拶をいただきます」

【質問】 社内の忘年会で司会をすることになった。その時に「社長からご挨拶をいただきます」と「社長からご挨拶を申し上げます」の、どちらを言えばよいのだろうか。また、社外の人が多い会で司会をするには、どう言えばよいのだろうか。

【解説】（要旨）社員だけの忘年会で使う「いただく」は、社長を立てる謙譲語なので「社長からご挨拶をいただきます」と言ってよい。

一方「社長からご挨拶を申し上げます」の「申し上げる」は、〈向かう先〉の人たちを立てる謙譲語なので、社外の人が多い場合には「社長からご挨拶を申し上げます」と言うのが適切な表現になる。

この解説のように選挙の街頭演説では、司会者は「候補者からご挨拶を申し上げます」と言わなければなりません。同じ理由で株主総会では、司会者は「社長からご挨拶を申し上げます」と言わなければならないのです。

「社員の休暇」に「いただく」を使わない

●（取引先からの電話で）「岸本は本日、お休みをいただいております」（×）
●（同じく）「岸本は本日、休みを取っております」（○）

以前「岸本は本日、お休みをいただいております」というテレビのコマーシャルがありました。しかし視聴者から、あの「いただく」の使い方は間違いだ、という指摘を受けて、すぐに消えてしまいました。

では「〜お休みをいただいております」の、どこが間違いだったのでしょうか。

この社員の言い方は、取引先の人の前で「岸本は、休暇の許可を与えた上司に敬意を示して（感謝して）休んでおります」と言っているのと同じなので（×）です。

この（×）を正すには、社内の人物（身内）には「いただく」を使わずに「岸本は本日、休暇を取っております」と言わなければなりません。

「お」や「ご」の付け方に注意

また、自社の社員の「休み」を「お休み」と言うのも間違いです。

例えば、先方への「お見舞い」や「ご返事」というのは、見舞うのも返事するのも自分の行為ですが、その行為が相手に関わっているので、自分の行為であっても「お」や「ご」を付けるのです。

Column

しかし、社員の「お休み」は「自分だけで完結」していることなので、「お」を付けないで「岸本は本日、休みを取っております」と言わなければなりません。

テレビを見ていると、芸能人が「お仕事で海外へ行きました」「お休みの日は家でのんびりしています」などと話していますが、これも他と関わりなく「自分だけの事柄」なので、「仕事で…」「休みの日は…」と言うのが、日本語の規範的な使い方です。

なお、電話を受けた際には「ご伝言がありましたら承ります」というように機転を利かせた対応が必要です。その結果、実際に伝言を頼まれたら「では○○に、そのように申し伝えます」と返答するのがビジネスマンの常識です。

（注）「申し伝える」は電話をかけてきた人（伝言を頼んだ人）に敬意を示す謙譲語なので、後で伝える社内の人物（身内）は、上司でも新入社員でも誰でもよいのです。

× （芸能人）「この度、私たち2人は結婚させていただきました」

「させていただく」を濫用しない

最近は「させていただく」の濫用が目立ちます。

「させていただく」は相手の同意（許可）を得て「私が（そのように）させてもらう」という場合に使う謙譲語なので、この「させていただく」を使うためには、次の2つの条件が必要になります。

① 相手の許可（同意）を受けて行う

② そのことで、自分が恩恵を受ける

例えば、上司から「体調が悪そうだね、今日は早く帰って休みなさい（許可）」と言われたら、「では、お言葉に甘えてそうさせていただきます（恩恵）」と応じます。

この例の「させていただく」は、①の許可と、②の恩恵を具えているので、最も適切な使い方です。

では、次のような「貼り紙」の適否はどうでしょうか。

● 「○月○日は、従業員の慰安旅行のために休業とさせていただきます」

● 「○月○日は、先生の学会出席のために休診とさせていただきます」

○ （私の実家からリンゴを送ってきたので皆さんにお配りさせていただきます

この例は、これまで積み上げてきた顧客（患者）との信頼関係を大切にするために（同意の一種）、妥当な範囲内の使い方です。

「させていただく」には、もう一つの正しい言い方があります。それは次のように、相手に関わる「自分の行為を丁寧に言う」という場合です。

●「では、私から一言、お祝いの言葉を述べさせていただきます」
●「実家からリンゴを送ってきたので、皆さんにお配りさせていただきます」

ところが「この度、私たち2人は結婚させていただきました」という言い方を聞くことがあります。このように、完全に自分の自由意思で行ってよい事柄にまで「させていただく」を使うのが、最も好ましくない使い方です。

【まとめ】
●「させていただく」は「同意と恩恵」の条件を具えている場合に使う。
●もう一つ、相手に関わる「自分の行為を丁寧に言う」場合に使う。

「いただく」と「くださる」

●「本日も、当店をご利用くださいまして、ありがとうございます」（〇）
●「本日も、当店をご利用いただきまして、ありがとうございます」（〇）

あるデパートでは「本日も、当店をご利用くださいまして、ありがとうございます」とアナウンスしています。これは、他にも競合店がある中で、お客様が自発的に自分の店を「選んでくれた」ことに感謝している尊敬表現です。

また別のデパートでは「本日も、当店をご利用いただきまして、ありがとうございます」とアナウンスしています。これは、他にも競合店がある中で、お客様の自発的な意思で自分の店を「選んでもらった」ことに感謝している謙譲表現です。

ですから、どちらも（〇）の言い方ですが、微妙な違いがあるのです。

例えば、社長の還暦祝いに招待された場合にも、次の2通りの言い方があります。

①「本日は社長の還暦祝いに、ご招待くださいましてありがとうございます」
②「本日は社長の還暦祝いに、ご招待いただきましてありがとうございます」

①も②も社長に感謝している言い方ですが、社長が招待者を選ぶ際に、社長の自発的な意思で自分を「選んでくれた」ことに感謝するならば、②よりも、①のほうが好まし

Column

いのではないかと思われます。

この社長の還暦祝いの例から考えると、デパートのアナウンスの場合も「本日も当店をご利用くださいまして、ありがとうございます」というアナウンスのほうが、好ましいのではないかと考えます。

これと同じ関係には「本日も○○電車を（△△バスを）ご利用くださいまして（ご利用いただきまして）ありがとうございます」という言い方があります。

これも、両方とも（○）ですが、一般的には自分が頼んだことに、相手に応じてもらった場合には「いただく」を使い、相手が自発的に何かをしてくれた場合には「くださる」を使うのが好ましいのです。

最近は、何かにつけて「いただく」を使う人が多くなっているように感じます。

しかし相手からの、恩恵的な行為を受けた場合には、もっと「くださる」を使ったほうがよいように思います。

×　（医療機関で）「検査の結果は後で、主治医の先生に伺ってください」

「伺う」と「お聞きになる」

「聞く（尋ねる）」の尊敬語と謙譲語の関係は、次のようになっています。

尊敬語	普通語	謙譲語
お聞きになる（お尋ねになる）	聞く（尋ねる）	承る　伺う お聞きする（お尋ねする）

「伺う」は謙譲語なので、自分の行為に使うのが基本です。

- 「少々伺いますが、東京駅へ行くのはこの道でいいでしょうか」
- 「この件については、専門家のご意見を伺いましょう」

ところが、「伺う」を相手（上司やお客様など）に使う間違いが多いので、注意が必要です。

- 「そのことでしたら、年金課の窓口で伺ってください」（×）
- 「検査の結果は後で、主治医の先生に伺ってください」（×）

○ （医療機関で）「検査の結果は後で、主治医の先生にお聞きになってください」

年金課で聞くのも、主治医の先生に聞くのも、相手（お客様）です。お客様には尊敬語を使って「～お聞きになって（お尋ねになって）ください」と言わなければなりません。

この点について、文化庁の「敬語の指針」に次のような質問と解説が載っているので挙げてみます。

【質問】 受付の人に「担当者に伺ってください」と言われた。しかし客に対する言い方として何だか妙な感じがした。どこが変なのだろうか。

【解説】（要旨）「担当者に伺ってください」の「伺う」は謙譲語である。したがって客に使う敬語ではない。客に敬意を示すには尊敬語を用いる必要がある。

この場合は「担当者にお聞きになって（お聞き）ください」あるいは「担当者にお尋ねになって（お尋ね）ください」と言わなければならない。

「伺う」は、自分が「聞く・尋ねる」という動作をする場合に、その向かう先の人（聞く人）に敬意を示す謙譲語である。この場合の「担当者に伺ってください」という言い方は、受付の人の側である担当者（身内）に敬意を示したことになり、客に敬意を示したことにはならない。

また「お聞きする」「お尋ねする」という謙譲語も「伺う」と同じ働き（機能）を持っ

×→○「担当者にお聞きしてください」
→「担当者にお聞きになってください」

ているので「担当者にお聞きしてください」「担当者にお尋ねしてください」という言い方も、客に対して用いることはできない。

「ナルは尊敬、スルは謙譲」（復習）

尊敬語の「お聞きになる」と、謙譲語の「お聞きする」は、語呂が似ているので間違う人が多いのです。

しかし、この違いを確実に覚える方法があります。

それは「お聞きになる」と「お聞きする」の、2字（2音）の違いに着目して「ナルは尊敬、スルは謙譲」と、小学校で九九を覚えた時の要領で覚え込むのです。

そうすると、相手に「担当者にお聞きして（お尋ねして）ください」という（×）の言い方をしないで、自信を持って「担当者にお聞きになって（お尋ねになって）ください」と言えるようになります。

伺う先の人物が「身内」では（×）

「伺う」は〈その先の人物（聞く人）〉に敬意を示す謙譲語です。（「お聞きする」「お尋ねする」も同じ機能の謙譲語です）

ですから、その先の人物が「身内」であってはなりません。

例えば、お客様からの質問を受けた際に自分の一存では返答できない場合があります。

× → ○ 「後で部長に伺ってからご返事します」
→「後で部長に聞いてからご返事します」

そのような場合に、うっかり「ただ今のご質問は部長に伺ってから（お聞きしてから）ご返事します」と、決して言わないように注意しなければなりません。

この言い方は、伺う（お聞きする）先の人物が、部長（身内）になるので、お客様の前で身内の上司に敬意を示したことになってしまいます。

上司であっても、お客様の前では「身内は高めない」という敬語のルールに則って、普通の言い方で「その件は部長に聞いてから（確認してから）ご返事します」と言わなければなりません。

なお「承る」は「伺う」や「お聞きする」よりも敬意の高い謙譲語なので、次のページで説明します。

○ （お土産店で）「お買い上げ品の地方発送承ります」

「承る」と「お見受けする」

「承る」の用例

「承る」は「聞く」の意の、敬意の高い謙譲語です。

普通語	謙譲語
聞く	承る

●「この件については、専門家のご意見を承ることにしましょう」

●「先生のご活躍は、かねがね承っております」

また「承る」は、相手（上司やお客様など）からの指示などを「引き受ける」という場合に使う、敬意の高い謙譲語です。

この意味の「承る」は街中で、次のような例をよく見かけます。

●「忘年会（新年会）のご予約承ります」「七五三のご祈祷承ります」

○　「部長は、何かお悩みの事情があるようにお見受けしますが、大丈夫でしょうか」

●「お土産品の地方発送承ります」
●「洋服のシミ抜き承ります」

「お見受けする」の用例

相手に対する、自分の印象や判断などをストレートに言ったのでは、失礼になる場合があります。

そのようなときに、自分の言い方を柔らかくするのが「お見受けする」という謙譲語です。

普通の言い方	謙譲語
～と見える(～と思える)～という印象だ	お見受けする

●「専務はお見受けするところ、どうも体調がすぐれていない様子です」
●「社長の奥様は、最近おやつれのようにお見受けしましたが…」

この「お見受けする」は、相手が目上でなくても使うことができます。

●「お見受けするところ、あなたはなかなか今風のお嬢さんですな」

「毎度ご愛顧を賜りまして～～」→謙譲語
「総理大臣が退職者に記念品を賜った」→尊敬語

「賜る」と「仰ぐ」

「賜る」は（相当に）上位とみなす相手から恩恵的な行為を受けた際に、それに感謝する気持ちで使う敬意の高い謙譲語です。ただし「賜る」を使うまでもない場合には「いただく」を使います。

- 「毎度ご愛顧を賜り（いただき）ありがとうございます」
- 「ご来賓の皆様のご出席を賜り（いただき）光栄に存じます」

「賜る」の、尊敬語の用法

「賜る」には、相当の上位者が、下位者に「物を与える」という場合に使う、尊敬語としての用法もあります。

次が、その例です。

- 「内閣総理大臣が、長年の総理公邸勤務の退職者に金杯を賜りました」
  →（「与えた」の、敬意の高い尊敬語）

✕ （野球の解説者）「石川投手は、7回から福井投手の援護を仰ぎました」

「仰ぐ」の用例

「仰ぐ」は高い所を見上げるために顔を上に向けることです。その由来で、相当に上位の相手から「指示や援助を受ける」という場合に使う敬意の高い謙譲語になりました。

●（委員会で）「コロナの対策は専門家のご意見を仰ぎながら進めましょう」
●（社内で）「この案件は、専務の指示を仰ぐことにしよう」

ところが、野球の解説者が「石川投手は7回から福井投手の救援を仰いだ」という言い方をすることがあります。しかし、この「仰ぐ」の使い方は（×）です。解説者が安易に「仰ぐ」という言葉を使うと、石川投手をへりくだらせて福井投手に高い敬意を示したことになります。投手の間には年齢や力量などの差があるのでしょうが、ファンから見れば「みな同僚（対等）の関係」です。

そのような間柄の人間に「仰ぐ」という言葉を使う必要はないのです。

ですから解説者は、普通に「石川投手は7回から福井投手の救援を受けた（交代した）」と言えばよいのです。

「聞き手」に敬意を示す「いたす・おる・参る・申す・存じる」

自分が、へりくだる感覚で使うことで（その先の人物）に敬意を示す言葉のことを謙譲語と言います。

しかし、私たちが毎日使っている謙譲語の中で「いたす・おる・申す・参る・存じる」の5語だけは「その先の人物」に敬意を示すのではなく「聞き手」（自分と話している人）に敬意を示すのです。

長い間、謙譲語は「1種類」であると考えられていましたが、敬語学者の研究によって「2種類である」ことが解ったのです。

その研究に基づいて、文化庁は、謙譲語の機能に応じて「謙譲語Ⅰ」と「謙譲語Ⅱ」に分けたのです。そして「聞き手」に敬意を示す「いたす・おる・参る・申す・存じる」の5語は「謙譲語Ⅱ」として、それ以外の多くの謙譲語を「謙譲語Ⅰ」としたのです。

この分け方は、魚類を「海の魚」と「川の魚」に分けたようなもので、何も難しく考える必要はないのです。

では次に、その性質（機能）の違いを整理してみます。

謙譲語Ⅰ	「その先の人物に敬意を示す」(いただく・差し上げる・申し上げる・伺う・お目にかかる・存じ上げる・拝見する・ご覧に入れる)など多数
謙譲語Ⅱ	「聞き手に敬意を示す」(いたす・おる・参る・申す・存じる)5語だけ

「謙譲語Ⅱ」の5語を、尊敬語と合わせて表にすると次のようになります。

尊敬語	普通語	その先への敬意	聞き手に敬意
なさる	する		いたす
いらっしゃる	いる		おる
いらっしゃる	行く　来る	伺う	参る
おっしゃる	言う	申し上げる	申す
ご存じ	知る	存じ上げる	存じる

この違いは昔から、そうであったものを平成の時代にやっと気づいた、ということなので、次からの用例を見れば、何の疑問もなく簡単に理解できます。

✕ 「皆さん、お飲み物はコーヒーと紅茶どちらにいたしますか」

「いたす」と「なさる」

「する」の尊敬語と謙譲語の関係は、次のようになっています。

尊敬語	普通語	聞き手に敬意を示す謙譲語
なさる	する	いたす

「いたす」は謙譲語なので、自分側の行為に使うのが基本です。

- 「先方への連絡は、私がいたします」
- 「この後片づけは、私たち新入社員がいたします」

ところが、その「いたす」を相手（上司やお客様など）に使う間違いが多いので注意が必要です。

- （お客様に）「お支払いはカードと現金、どちらにいたしますか」（×）
- （上司に）「あら課長、どういたしましたか」（×）

〇　（気象情報で）「台風は今夜遅く、関東地方を通過いたします」

相手には「なさる」を使って「お支払いはカードと現金、どちらになさいますか」「あら課長、どうなさいましたか」と言わなければなりません。

このような（×）の言い方をしないためには「私はイタス、あなたはナサル」と覚えておくと、今後、決して間違えることはありません。

「いたす」の、丁重語としての用法

「いたす」は聞き手に敬意を示す謙譲語です。言い替えれば「聞き手に丁重に述べる」ということなので、別名「丁重語」と呼ばれています。

これは、自然現象や一般的な社会現象などを、聞き手に丁重に述べるということなので、誰もが日常的に使っている言い方です。

- 「台風は今夜半、関東地方を通過いたします」
- 「ただ今、本日の最終便が離陸いたしました」
- 「株主総会は何のトラブルもなく、無事に終了いたしました」

【まとめ】

- 「いたす」は自分が使う謙譲語なので、相手（上司やお客様など）の行為に使うのは（×）
- ただし、自然現象や一般的な社会現象などに使うのは（〇）

✕ 「沢山健二様、おりましたら一階受付までお戻りください」

「おられる」は尊敬語

「いる」の尊敬語と謙譲語の関係は、次のようになっています。

尊敬語	普通語	聞き手に敬意を示す謙譲語
おいでになる　いらっしゃる	いる	おる

「おる」は謙譲語なので、自分側の行為に使うのが基本です。

- （ある場所に、いる）「私は、午後の7時までは会社におります」
- （ある行為をして、いる）「祖父は、毎日ウォーキングをしております」

ところが、その「おる」を、相手（上司やお客様など）に使う間違いが多いので要注意です。

○ 「ボランティアの皆さんが地震の後片づけに汗を流しておられました」

●「岡村すみれ様、おりましたら1階ロビーまでお戻りください」（×）
●「あっ部長、こちらにおりましたか」（×）

相手には尊敬語を使って

「岡村すみれ様、いらっしゃいましたら（おいでになりましたら）1階ロビーまでお戻りください」

「あっ部長、こちらにおいでになり（いらっしゃい）ましたか」

と言わなければなりません。

「おられる」は敬意の軽い尊敬語

「おる」は謙譲語なので「れる」を付けて「おられる」としても尊敬語にはならないはずです。

ところが「おられる」は古くから尊敬語として使っている地域（西日本）があり、現在では、全国的に違和感なく尊敬語として使われている実態があります。

そこで、文化庁も『新ことばシリーズ2』の中で「おる」と「おられる」は種類の異なる敬語であると考えてよいでしょうと書いて「おられる」を尊敬語として認めています。ですから「おいでになる」や「いらっしゃる」を使うまでもない場合には「おられる」を使うと重宝です。

○「今夜は中秋の名月です、見事な満月が煌々と輝いております」

次がその例です。

●「大勢の観光客は、古都の風情を楽しんでおられます」（○）
●「宝クジ売り場には、大勢の方が並んでおられました」（○）

「おる」の、丁重語としての用法

「おる」は聞き手に敬意を示す謙譲語です。言い替えれば「聞き手に丁重に述べる」ということなので、別名「丁重語」と呼ばれています。

これは、自然現象や一般的な社会現象などを、聞き手に丁重に述べるということなので、誰もが日常的に使っている用法です。

●「今日は、朝から雪が降っております」
●「雨が上がった空には、綺麗な虹がかかっております」
●「商店街は、大勢の買い物客で賑わっております」

この用法が（○）であるために、つられて相手（上司やお客様など）に対して「部長、先ほどから何を読んでおるのですか」というような（×）の言い方をしてしまうのです。

【まとめ】

●「おる」は自分が使う謙譲語なので、相手側に使うと（×）になります。

●ただし、自然現象や一般的な社会現象などに使うのは（〇）です。

×→○ 「今から兄の家に伺うところです」
→「今から兄の家に参るところです」

「伺う」と「参る」の違い

「行く」には「伺う」と「参る」の、2語の謙譲語があります。

しかし、この2語には機能の違いがあるので、上記のように「兄の家に伺う」という言い方は（×）で、「兄の家に参る」という言い方は（○）です。

それは、「伺う」は、伺う先の人物（兄＝身内）に敬意を示す謙譲語であり、「参る」は、聞き手（いま自分と話している人＝兄でない人）に敬意を示す謙譲語であるからです。

普通語	その先に敬意を示す謙譲語	聞き手に敬意を示す謙譲語
行く	伺う	参る

この点に関して、文化庁の「敬語指針」に、次のような質問と解説が載っているので挙げてみます。

【質問】 加藤先生に向かって、もう一人の恩師である田中先生のことを話題にして「明日は、田中先生のところに参ります」と言った。田中先生を高める気持ちで言ったのだが、これでよかったのだろう。

【解答】（要旨）「参る」は、聞き手を立てる（敬意を示す）謙譲語であって、会話に出てくる第三者（この例では田中先生）を立てる敬語ではない。

つまり、この言い方では、田中先生を立てた（敬意を示した）ことにはならない。田中先生を立てたいのであれば「田中先生のところに伺います」と言わなければならなかったのである。

これを整理すると次のようになる。

●田中先生のところに参ります → 聞き手の加藤先生に対して丁重に述べたもので、田中先生を立てているわけではない。

●田中先生のところに伺います → 田中先生を立てて述べたもの。

△→○　「専務、仲人をお願いに参りました」
→「専務、仲人をお願いに伺いました」

「来る」の意の例

「来る」にも「伺う」と「参る」の2語の謙譲語がありますが、この2語の性質（機能）は「行く」の場合と同じです。

●「近くまで来たので伯父の家に伺いました」（×）→伯父への敬意
●「近くまで来たので伯父の家に参りました」（○）→聞き手への敬意

では、次のように「伺う」の敬意と、「参る」の敬意が、同じ人物に向かっている場合は、どうでしょうか。

●「専務、結婚の仲人をお願いに伺いました」（○）→専務への敬意
●「専務、結婚の仲人をお願いに参りました」（○）→聞き手（専務）への敬意

このような場合には「伺う」のほうが「参る」よりも、専務に対する敬意が高いので「伺う」を使うのが好ましいのです。

【まとめ】
●「伺う」→伺う先（伺った先）の人物に敬意を示す。

✕ （社員）「部長、ご出張ですか、では駅まで一緒に参りましょうか」

●「参る」→「聞き手」に敬意を示す。
●同じ人物に敬意が向かう場合には「伺う」を使うのがよい。

「参る」が、相手（お客様など）に及ばないようにする

テレビで「次のゲストは、どなたが出て参りますでしょうか」と言っている司会者がいます。しかし、この言い方は（×）です。

ゲストには尊敬語で「次のゲストは、どなたが出ていらっしゃるでしょうか」と言わなければなりません。

また、社員が「部長もご出張ですか、では駅まで一緒に参りましょう」という言い方をすると（×）になります。この「参る」は、部長にも及んでしまうからです。

このような場合は「部長もご出張ですか、では駅までお供します」などのように言い方を変える（工夫する）必要があります。

この関係を理解するには、テレビドラマの『水戸黄門』が参考になります。

あのドラマの最後の場面で黄門様が「では助さん格さん、参りましょうか」と言います。あの「参る」は、他の全員に及ぶのですが、最高位の身分の黄門様の言葉（台詞）であるから（×）ではないのです。

○「近頃は、朝夕がめっきり寒くなって参りました」

仮に八兵衛が「ではご隠居、参りましょうか」と言ったら、八兵衛は助さんか格さんに叱られてしまうものと思われます。

「参る」の、丁重語としての用法

「参る」は聞き手に敬意を示す敬語です。聞き手に敬意を示すということは言い替えると「聞き手に丁重に述べる」ということなので、別名「丁重語」と呼ばれています。次が、その用例です。

- 「3番線に電車が参ります」「(エレベーター)上へ参ります」
- 「近頃は、めっきり寒くなって参りました」
- 「あっ、雨が降って参りました」

これは、自然現象や社会一般の事柄などを「聞き手に丁重に述べる」という場合の言い方です。

この言い方が(○)なので、つられて相手(お客様など)に「港物産の森山課長さんが参り(参られ)ました」という(×)の言い方をしてしまうのです。

【まとめ】

①「参る」は、自分の行為に使う謙譲語なので、相手（上司やお客様など）の行為に使うのは（×）

②ただし、自然現象や一般的な社会現象などに使うのは（○）

✕ （取引先で）「では、この案を社に戻って部長に申し上げます」

「申し上げる」と「申す」の違い

「言う」には「申し上げる」と「申す」の2語の謙譲語があります。

しかし、この2語には性質（機能）の違いがあるので、その違いをよく理解して使い分ける必要があります。

普通語	その先に敬意を示す謙譲語	聞き手に敬意を示す謙譲語
言う	申し上げる	申す

では次の例で、その違いを確かめてみましょう。

● （社員）「この案を社に戻って部長に申し上げます」（×）→この言い方は、他社（取引先）で、自分の会社の部長（身内）に敬意を示したことになるので（×）です。

● （社員）「この案を社に戻って部長に申します」（○）→これは聞き手（取引先の人）に敬意を示した言い方なので（○）です。

敬語に習熟するには、この違いを正しく理解することが大切です。

△→○ (社員)「その件は部長に申した通りです」
→「〜申し上げた通りです」

敬意が、同じ人物に向かう場合

「申し上げる」の敬意と、「申す」の敬意が、同じ人物に向かう場合があります。では、話し手が「社員」、聞き手が「部長」という設定で、それを確かめてみましょう。

①(社員)「その件は先日、部長に申し上げた通りです」→この「申し上げる」の敬意は(申し上げた先の人物・部長)に向かっています。

②(社員)「その件は先日、部長に申した通りです」→この「申す」の敬意は、(聞き手・部長)に向かっています。

このように「申し上げる」の敬意と、「申す」の敬意が、同じ人物に向かっている場合には「上げる」が付いている分、「申し上げる」のほうが「申す」よりも敬意が高いのです。ですから、しかるべき相手には「申し上げる」を使うのが好ましいのです。

要は「申し上げる」を使うにしても、「申す」を使うにしても、その敬意は「ダレ」に向かっているのか、ということを理解して使い分ける必要があるのです。

〇　（社員）「では、〇〇（社内の人物）が戻りましたら、そのように申し伝えます」

「〇〇と申します」は、最初の1回だけ

「私、東京商事の栗山と申します」という言い方は、初対面で、まだ相手が自分のことを認識していない場合に使います。

よく知っている相手に（電話で）何回も「〇〇と申します」を使うと、自分では丁寧な言い方をしているつもりでも、相手に「言葉遣いの感覚が鈍い人だ」と思われてしまう懸念があるので注意しなければなりません。

「申し伝えます」は、伝言を頼んだ人への敬意

伝言を頼まれた場合には、通常「〇〇が戻りましたら、そのように申し伝えます」と応じます。この「申し伝える」は伝言を頼んだ人に敬意を示す謙譲語なので、後で伝える社内の人物は上司でも新入社員でも誰でも構いません。

また、家にかかってきた電話に出た奥さんの場合なら、後で伝える家族は、夫でも子供でも、お婆ちゃんでも誰でもよいのです。

（注）「申し伝える」は身内（社内の人物・家族）に対する尊敬語ではないかと錯覚しがちですが、聞き手（電話をかけてきた人）へ敬意を示す謙譲語なのです。

「申す」の、丁重語としての用法

「申す」は聞き手に敬意を示す謙譲語です。聞き手に敬意を示すということは聞き手に

○「皆様、バスの右側をご覧ください、あの海を玄界灘と申します」

丁重に述べるということなので、別名「丁重語」と呼ばれています。

これは、自然現象や一般的な社会現象などを、聞き手に「丁重に述べる」ということで、次が、その用例です。

- 「『急がば回れ』と申します」「『事実は小説よりも奇なり』と申します」
- 「皆様、バスの左手をご覧ください、あの山を高尾山と申します」
- 「何と申しましても、健康が一番でございます」

この用法が（○）であるために、つられて「社長が、そのように申し（申され）ました」という（×）の言い方をしてしまうのです。

【まとめ】

①「申す」は、自分の行為に使う謙譲語なので、相手（上司やお客様など）の行為に使うのは（×）

②ただし、自然現象や一般的な社会現象などに使うのは（○）

「存じ上げる」と「存じる」の違い

「知る」には「存じ上げる」と「存じる」の、2語の謙譲語があります。
しかし、この2語には次のような性質（機能）の違いがあります。

普通語	その先に敬意を示す謙譲語	聞き手に敬意を示す謙譲語
知る	存じ上げる	存じる

では、話し手は部長、聞き手は社員という設定で、その違いを確かめてみましょう。

●（部長）「キミは市長を個人的に知っているかね」
（社員）「はい、よく存じ上げております」→これは、社員が市長（存じ上げる先の人物）に敬意を示している言い方です。

●（部長）「キミは市長を個人的に知っているかね」
（社員）「はい、よく存じております」→これは、社員が、部長（聞き手）に敬意を示している言い方です。

△→○ 「先生のことは前から存じておりました
→「前から存じ上げておりました」

つまり、単純に「存じ上げる」は「存じる」よりも敬意の高い（へりくだる度合いが大きい）謙譲語であるということではなく、敬意の向かう先が違うので、その点を理解して使い分けることが大切です。

「存じ上げる」と「存じる」の敬意が、同じ人物に向かう場合

では「存じ上げる」の敬意と、「存じる」の敬意が、同じ人物に向かう場合はどうでしょうか。

- 「私は先生のことを3年前から存じ上げておりました」→この敬意は、先生（存じ上げる先の人物）に向かっています。
- 「私は先生のことを3年前から存じておりました」→この敬意は、先生（聞き手）に向かっています。

このような場合は「上げる」が付いている分、「存じ上げる」のほうが「存じる」よりも敬意の高い言い方になります。

ですから、しかるべき相には「存じる」よりも「存じ上げる」を使ったほうが好ましいのです。

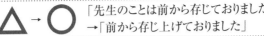

×「勉強したので、地球温暖化のメカニズムはよく存じ上げています」

「存じ上げる」を使うと（×）になる例

一般的に「存じ上げる」を使うには、その人が「存じ上げる」を使うに値する人でなければなりません。ですから、それに値しないことに「存じ上げる」を使うと（×）になります。

その（×）に当たるのが次の「3つ」です。

①人間でない事柄。②反社会的な人物。③身内の人物。

では、①の例から説明します。

● 「地球温暖化のメカニズムはよく存じ上げています」（×）→敬語は人間に使うのが基本です。「地球温暖化のメカニズム」は、人間ではない事柄なので、「存じ上げる」を使う必要がありません。

ですから（×）です。

テレビを見ていると「そのようなことは一向に存じ上げません」と言っている人がいますが、この言い方も（×）です。

「そのようなこと」というのは、いわば「地球温暖化のメカニズム」と同じことなので「存じ上げません」という敬語を使う対象ではないのです。ところが、このような言い方の間

✕→〇「伯父のことは、あまり存じ上げません」
→「～あまり存じません」

違いが多いので注意しなければなりません。

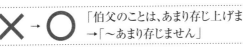

次は、②の例の説明です。

●「あの銀行強盗は近所の人なので、小さい頃から存じ上げています」（×）

↓一般的な社会通念として、銀行強盗のような人物は「存じ上げる」を使うに値しないので（×）です。

最後は、③の例の説明です。

●「母方の伯父はイギリスに住んでいるので、よく存じ上げません」（×）

↓この「存じ上げる先の人物」は伯父です。他人の前で伯父（身内）に敬意を示すことは「敬語のルール違反」になるので（×）です。

その伯父さんは立派な人格者でも「敬語のルール」として「身内は高めない」ということなので、このような言い方は（×）になるのです。

「存じる」を使えば全て（〇）

「存じる」は「聞き手」に敬意を示す敬語なので、話の内容は、地球温暖化のことでも銀行強盗のことでも身内のことでも、その他、何の話題であろうとも一切関係ないのです。

ですから「存じる」を使えば全て（○）です。

「思う」の意の「存じる」

「存じる」には「思う」という意味もあります。あなたも次のような言い方をしたり、
聞いたりしているものと思われます。

- 「貴社ますますご隆盛のことと存じます」
- 「本日は、県知事のご出席を賜りまして誠に光栄に存じます」

「思う」の意の「存じ上げる」

「存じ上げる」にも「思う」の意味があるので、次のように使われています。

- 「この度は国務大臣にご就任、誠に慶賀に存じ上げます」
- 「今回の人事異動で専務にご栄転の由、大変うれしく存じ上げます」

「ご存じ」は尊敬語

「存じる」は謙譲語ですが、「ご」を付けた「ご存じ」は尊敬語です。

●（社員）「部長、人事異動のこと何かご存じありませんか」
●（評論家）「ご存じのように、日本の安全保障は厳しい状況になりつつあります」

第5章

謙譲語は7つの語形で覚えられる

◉「謙譲語の語形」に関する間違いが多い。しかし、毎日、使っていることなので、いったん、身に付けてしまえば、間違うことのほうが、不思議である。

◉「好感度の高い言い方」と「敬語の自己点検」も行う。

年賀状で誰でも知っている語形は難しくない

「謙譲語の語形」を最も簡単に理解できるのが「年賀状の文面」です。

あなたが年賀状を書く際には、自分と相手（年賀状を受け取る人）との間柄（距離感）に応じて「3つ」の語形を使い分けているものと思われます。

その「3つ」というのは、次の文面（語形）です。

①「今年もよろしくお願いします」→「お（ご）～～する」の語形

②「今年もよろしくお願いいたします」→「お（ご）～～いたす」の語形

③「今年もよろしくお願い申し上げます」→「お」ご）～～申し上げる」の語形

この「3つ」の語形は誰でも知っています。ですから「語形」は難しくないのです。

「謙譲語の語形」は①の「お（ご）～～する」の「する」の部分を、②のように「いたす」にすると、少し丁寧な言い方になります。③のように「申し上げる」にすると、より丁寧な言い方になります。「謙譲語の語形」には、この他にも「4つ」ありますが、全てあなたの知っている言い方（語形）ばかりです。

この章は「謙譲語の語形」の他に「好感度の高い言い方」や「敬語の自己点検」などについても説明することを目的にしています。

✕ （講演会の司会者）「講師の先生にお聞きする（ご質問する）ことはありませんか」

「お席へご案内します」

①「お（ご）〜〜する」

テレビの宣伝では「お電話、お待ちしています」と言ってます。音楽会では「お席へご案内します」を言われます。これは謙譲語の「お（ご）〜〜する」を使って、あなた（視聴者・お客様）に敬意を示しているのです。

ところが、講演会の司会者が聴衆に向かって「講師の先生に何かお聞きすることはありませんか」と（×）の発言をすることがあります。

これは謙譲語と、尊敬語の違いを理解していないことが原因です。

謙譲語の語形	尊敬語の語形
「お(ご)〜〜する」	「お(ご)〜〜になる」

講師の先生に質問するのは相手（聴衆）なので、聴衆には尊敬語の「お（ご）〜〜になる」を使って「〜お聞きになる（お尋ねになる）ことはありませんか」と言わなければなりません。

書店で本を買うと「カバーをお付けしますか」と聞かれます。これは、謙譲語の「お〜

〜する」を使って、あなた（お客様）に敬意を示しているのです。

このような言い方を日常的に聞いているにも関わらず「お（ご）〜〜する」についての間違いが多いのです。

文化庁の「敬語の指針」にも、次のような質問と解説が載っているので挙げてみます。

【質問】「課長、そのファイルも会議室にお持ちしますか」と尋ねたところ、「うん、よろしく頼むよ」と言われてしまった。私は自分が持っていくつもりではなく、課長が持っていくかどうかを尋ねたかったのだが、どう言えばよかったのだろうか。

【解説】（要旨）「お持ちする」は謙譲語の語形である。この言い方は自分が持っていくかどうかを、課長に尋ねたことになってしまう。だから、課長も「よろしくたのむ」と反応したのである。これも課長には尊敬語を使うべきところを、謙譲語を用いたことによって生じた問題である。

課長が持っていくかどうかを尋ねたかったのであれば、「課長、そのファイルも会議室にお持ちになりますか」と、尊敬語の語形を用いなければならなかったのである。

「お食事される」「ご乗車される」が（×）の理由

●（添乗員）「このサービスエリヤでお食事される方は、別料金になります」（×）
●（駅で）「特急にご乗車される方は、乗車券の他に特急券が必要です」（×）

「お食事される」や「ご乗車される」が、なぜ（×）なのでしょうか。この（×）は、思いもよらない言葉の「化学反応」によって起きてしまったのです。

添乗員の人は「食事される」では、お客様に敬意が低いのではないかと考えて、善意で「お」を付けて「お食事される」と言ったのです。

駅では「乗車される」では、乗客に敬意が低いのではないかと思って、善意で「ご」を付けて「ご乗車される」とアナウンスしたのです。

これは、謙譲語の「申す」に「れる」を付けた「申される（謙譲語の変形）」が（×）である、と考えると理解が簡単です。

「お食事する（謙譲語）」に「れる」を付けると「お食事される」となります。

同じく「ご乗車する（謙譲語）」に「れる」を付けると「ご乗車される」となります。

つまり「申される」が（×）であるのと同じ理由で「お食事される」「ご乗車される」も「謙譲語の変形」になってしまうので（×）なのです。

Column

では、どう言えばよいのでしょうか。それは、尊敬語の「なさる」を使うことです。「なさる」は敬意も高く、単独で使っても「お」や「ご」を付けて使っても正しいので、安心して使うことができます。

これを整理すると、次のようになります。

●「お食事される」(×)→「食事なさる」(○)、「お食事なさる」(○)
●「ご乗車される」(×)→「乗車なさる」(○)、「ご乗車なさる」(○)

このように「なさる」は使いやすく響きもよく敬意も高いので、日常会話の中で大いに使って欲しい尊敬語です。

× → ○ 「お客様、もうお休みいたしますか」(×)
→「〜もうお休みなさいますか」(○)

「お客様、もうお休みいたしますか」（×）

②「お（ご）〜〜いたす」

以前、古風な旅館に泊まった時に、就寝の準備を終えた後で、仲居さんから「お客様、もうお休みいたしますか」と言われたことがあります。

感じのよい仲居さんでしたが、相手（宿泊客）に「お休みいたしますか」と言ったことが残念でした。

謙譲語	尊敬語
「お(ご)〜〜いたす」	「お(ご)〜〜なさる」

宿泊客には尊敬語で「お休みなさいますか」、または「お休みになりますか」と言ってほしいところです。

コンビニで弁当を買うと「お箸はお付けいたしますか」と聞かれます。

これは「お（ご）〜〜いたす」という丁寧な言い方をして、弁当を買った相手（お客様）に敬意を示しているのです。

× → ○　「どうぞ、お大事にしてください」(×)
→「どうぞ、お大事になさってください」(○)

相手には「お（ご）〜〜なさる」

病気見舞いなどの際に「どうぞ、お大事になさってください」という言い方をします。これは、その人に尊敬語の「お（ご）〜〜なさる」を使って敬意を示しているのです。

ところが「どうぞ、お大事にしてください」という言い方をよく聞きます。この言い方をする人は、自分が間違った言い方をしているとは思っていないのです。いつも「〜お大事にしてください」と言っている人は、「〜ください」を付けているので自分では「尊敬語を使った」と思っているのです。

ですから、私たちは「謙譲語の語形」と「尊敬語の語形」の違いを理解して、使い間違いをしないように注意が必要です。

【復習】

「謙譲語の語形」と「尊敬語の語形」を間違わない方法があります。それは「私はイタス、あなたはナサル」と覚えておけば、決して間違うことはありません。「するは謙譲、なるは尊敬」と同じ要領の覚え方です。

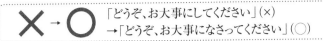

「する」の部分を「いたす」や「申し上げる」に変えると、
その分、敬意が高くなる。

「今年もよろしくお願い申し上げます」

③「お（ご）～～申し上げる」

謙譲語の基本形である「お（ご）～～する」の、「する」の部分を「いたす」や「申し上げる」に言い替えると、その分、相手に対する言い方が丁寧になります。

①「今年もよろしくお願いします」
②「今年もよろしくお願いいたします」
③「今年もよろしくお願い申し上げます」

この「3通り」の言い方は①よりも②、②よりも③が高くなるので、これを年賀状で考えてみると、自分と相手（年賀状を受け取る人）との距離感に応じて①か、②か、③の言い方をしているのです。

「お（ご）～～申し上げる」の語形には、次のような言い方がありますが、みな「申し上げる先の人物」に高い（へりくだる度合いの大きい）敬意を示しているのです。

「ご通知申し上げます」→「通知する」ことを、高い敬意で、相手に伝えている。

- 「お祝い申し上げます」
- 「お喜び申し上げます」
- 「お詫び申し上げます」
- 「お悔やみ申し上げます」

- 「ご連絡申し上げます」
- 「ご通知申し上げます」
- 「ご報告申し上げます」
- 「ご祈念申し上げます」

この語形の「申し上げる」は「○○する」の意である

一般的な「申し上げる」は「言う」の意味です。しかし、この語形の場合には「言う」ではなく「〜〜する」という意味になります。

つまり「お祝い申し上げます」は「祝うこと」を、「ご通知申し上げます」は「通知すること」を、相手（その先の人物）に対して敬意の高い言い方をしているのです。

✕→○ 「美味しい餃子、お持ち帰りできます」(×)
→「〜お持ち帰りになれます」(○)

「温かいピザ、お持ち帰りできます」（×）

④「お（ご）〜〜できる」

「私は（あなたのために）〜〜することができる」という場合に使うのが、この言い方（語形）です。

ところが、この言い方を相手に使っている間違いが非常に多いのです。

- （食品店で）「美味しいハンバーグ、お持ち帰りできます」（×）
- 「故障、このトイレご使用できません」（×）

謙譲語	尊敬語
「お(ご)〜〜できる」	「お(ご)〜〜になれる」

美味しいハンバーグを持ち帰るのも、トイレを使用できないのも、お客様の行為なので、お客様には「尊敬語の語形」で「美味しいハンバーグお持ち帰りになれます」「故障、このトイレはご使用になれません」と言わなければなりません。

「敬語の指針」による解説

「お（ご）～～できる」の言い方については間違いが多いので、文化庁の「敬語の指針」にも次のような質問と解説が載っているので挙げてみます。

【質問】 駅のアナウンスで「ご乗車できません」と言っているが、この敬語は適切なのだろうか。

【解説】（要旨）この例は「ご乗車できません」ではなく、「ご乗車になれません」が適切な言い方である。「お（ご）～～できる」は謙譲語の「お（ご）～～する」の可能形である。「自分が届けることができる」ということであれば「お届けできる」、「自分が説明できる」ということであれば「ご説明できる」という言い方でよい。

しかし、この例は乗客（お客様）の行為なので尊敬語を使うべきである。

尊敬語の可能形は「お（ご）～～になれる」なので、その否定形であれば「ご乗車になれません」と言うのが適切な表現である。

また、相手が「～～してくれた」ことを、自分が恩恵的に受け取るという表現に変えることで、相手に敬意を示すことができる。それが「お（ご）～～いただける」である。

この語形を使えば「ご乗車いただけません」という言い方になる。

「丸暗記」で覚える

敬語を身に付ける近道は、正しい言い方を「丸暗記の要領」で覚えることです。

特に間違いの多い「お（ご）〜〜できる」の言い方は、それが一番確かな方法です。

では、その身近なモデルとして、次に（○）と（×）の例を挙げてみます。

● （○）のモデル→「餃子、お持ち帰りになれます」
● （○）のモデル→「餃子、お持ち帰りいただけます」
● （×）の例として「餃子、お持ち帰りできます」を覚えておくのもよいでしょう。

【まとめ】

次の、①と②の正しい言い方（語形）を、しっかりと覚えておくことです。

①「お（ご）〜〜になれる（になれません）」（○）
②「お（ご）〜〜いただける（いただけません）」（○）

（×）の例として、相手（お客様）には「お（ご）〜〜できる（できません）」、という言い方を絶対しない、と覚えておくことが大切です。

× → ○　「次は回送電車です、ご乗車できません」
→「次は回送電車です、ご乗車 は できません」

「は」を入れると（×）ではなくなる

相手に「お（ご）～～できる」の語形を使うのは（×）ですが、その語形を壊してしまえば（×）でなくなります。

「壊す」とは、その語形の間に「は」を入れて、その機能を失わせてしまうことです。

次がその例です。

③「次は回送電車ですので、ご乗車できません」（×）

④「次は回送電車ですので、ご乗車 は できません」（○）

④の例が（○）なのは「は」を入れることで「語形を破壊した」からです。

しかし、この理由を知らない人と、「は」が入っていることに気づかない人には、間違い敬語を使っていると誤解されてしまう懸念があります。

ですから、やはり基本的な言い方として、

● 「次は回送電車ですので、ご乗車になれません」（○）

● 「次は回送電車ですので、ご乗車いただけません」（○）

というように、規範通りの言い方をするのが好ましいと思います。

「主人には定年後もお勤めいただきたいのです」（×）

⑤「お（ご）〜〜いただく」

相手から「（恩恵的な行為を）してもらう（してもらった）」場合に、その恩恵に感謝する気持ちで使うのが「お（ご）〜〜いただく」の語形です。

謙譲語	尊敬語
「お（ご）〜〜いただく」	「お（ご）〜〜くださる」

この語形は、次のような言い方でよく知られています。

- 「毎度お引き立ていただきましてありがとうございます」
- 「いつもご愛顧いただきまして感謝いたしております」

この内容は次のように、尊敬語で言い表すこともできます。

- 「毎度お引き立てくださいましてありがとうございます」
- 「いつもご愛顧くださいまして感謝いたしております。

✕→○ （主婦）「主人には定年後もお勤めいただきたいのです」
→「～勤めてもらいたいのです」

以上は、デパートのアナウンスと同じように、どの言い方でも（○）です。

その先の人物が「身内」では（✕）

「お（ご）～～いただく」は〈いただく先の人物〉に敬意を示す謙譲語なので、その人物が「身内」であってはなりません。それは他人の前で「身内」に敬意を示すことになるからです。

- （若い父親）「子供が生まれたので、頑張る力をいただきました」（✕）
- （主婦）「主人には定年後も、お勤めいただきたいのです」（✕）

この（✕）を正すには、身内には謙譲語の「いただく」を使わずに、普通の言い方で、

- 「子供が生まれたので、頑張る力をもらいました」
- 「主人には定年後も勤めてもらいたい（ほしい）のです」

と言わなければなりません。

ですから、この言い方をする場合には、その先の人物が「ソト」か「ウチ」かを意識して、間違いのないように注意する必要があります。

「被災地への募金活動にご協力願います」

⑥「お（ご）～～願う」

この語形は、自分の願い（要望など）を「相手に、そのようにしてほしい」と思う場合に〈願う先の人物〉に敬意を示す謙譲語です。

謙譲語	尊敬語
「お(ご)～～願う」	「お(ご)～～ください」

● （食品のチラシ）「開封後の返品は、お許し願います（ご容赦願います）」
● 「会議中は、お静かに願います（ご静粛に願います）」

この言い方は、尊敬語を使って表現することもできます。

● 「被災地への募金活動にご協力願います」→「被災地への募金活動にご協力ください」
● 「国旗の掲揚を行いますのでスタンドの皆様はご起立願います」→「国旗の掲揚を行

△→○「～スタンドの皆様はご起立ください」
→「～ご起立願います」

いますのでスタンドの皆様はご起立ください」

●「混雑しますので、ご乗車の際は一列にお並び願います」→「混雑しますのでご乗車の際は一列にお並びください」

つまり、自分が表現したい事柄（内容）と、その状況に応じて、

●謙譲語で表現したい場合には「お（ご）～願う」を使い、

●尊敬語で表現したい場合には「お（ご）～ください」を使う、

というように、適宜に使い分ければよいことになります。

ただし一般的には、自分のほうから、相手にお願いをする場合には謙譲語の「お（ご）～願う」を使うのが好ましいのです。

例えば、高校野球の甲子園では「国旗の掲揚を行いますのでスタンドの皆様はご起立願います」とアナウンスしています。

これは、高校野球の主催者が国旗の掲揚に際して、相手（観客）に起立することを要請していることなので、観客には謙譲語を使って「～ご起立願います」と言っているのです。

○「本日は、部長の還暦の祝いにお招きにあずかりまして光栄に存じます」

「お招きにあずかり光栄に存じます」

⑦「お（ご）～にあずかる」

相手（上司やお客様など）から恩恵的な行為を受けた場合に、それに感謝する気持ちで使うのが「お（ご）～にあずかる」という語形です。

この「あずかる」は漢字で「与る」と書きますが、与には参与・関与・寄与などの言葉があるように「その事柄にかかわる」という意味です。

- 「本日は会長の古希の祝いに、お招き（ご招待）にあずかり光栄に存じます」
- 「ただ今、ご紹介にあずかりました渡瀬真一郎でございます」

謙譲語
お(ご)～～にあずかる

なお「あずかる」には、次のような言葉があります。

- ●「眼福にあずかる」→素晴らしいものを見て幸せに感じる気持ち。
- ●「お相伴にあずかる」→正客の随伴者として相手から接待などを受けること。

「謙譲語の語形」のまとめ

テレビのコマーシャルでは、頻繁に「お電話、お待ちしています」と言っています。

これは、謙譲語の「お（ご）～～する」の語形を使っているのです。

謙譲語の語形は、この「お（ご）～～する」が基本で、その他の語形は「する」の部分を「いたす・できる・願う・にあずかる」などに言い替えているだけなのです。

では次に、「7つ」の謙譲語の語形と、その基本的な用例を挙げてみます。

謙譲語の語形	その用例
「お（ご）～～する」	（配る）→「では、会議のプリントをお配りします」 （案内する）→「皆様を、大空の旅へご案内します」
「お（ご）～～できる」	（届ける）→「ご注文の品は、午後にはお届けできます」 （用意する）→「サイズは、色々ご用意できます」
「お（ご）～～いたす」	（下げる）→「お膳をお下げいたします」 （連絡する）→「場内の皆様にご連絡いたします」

「お（ご）〜〜いただく」	（褒める）→「私の作品をお褒めいただき感激です」 （利用する）→「ご利用いただいてありがとうございます」
「お（ご）〜〜願う」	（戻る）→「バス発車の5分前にはお戻り願います」 （協力する）→「赤い羽根の募金活動にご協力願います」
「お（ご）〜〜にあずかる」	（招く）→「お招きにあずかり感謝いたしております」 （紹介する）→「ご紹介にあずかりました澤本雄二です」
「お（ご）〜〜申し上げる」	（祈る）→「貴社のご発展をお祈り申し上げます」 （通知する）→「結果は、後日ご通知申し上げます」

「謙譲語の語形」の間違いには、特に次の「2つのパターン」が目立ちます。

①相手に「お（ご）〜〜する」を使う→「暫くお待ちしてください」（×）、「この書類に必要事項をご記入してください」（×）

②相手に「お（ご）〜〜できる」を使う→「餃子、お持ち帰りできます」（×）、「スマホからもご応募できます」（×）

いったん身に付けてしまうと、街の看板などの間違いが目に付くようになります。

「好感度の高い言い方」

文化庁の「敬語の指針」に、次のような質問と解説が載っているので挙げてみます。

【質問】 同僚から、突然「これ、お願いします」と書類を置いて行かれたので失礼な頼み方だと感じた。どこが問題だったのだろうか。

【解説】（要旨）何の前置きもなく突然頼むということは、行動の面でも、言葉遣いの面でも問題があると言える。何かを頼むということは「相手に負担をかける」ことである。その意識を持って「相手に配慮した言い方」をする必要がある。

この例なら「すみませんが」「忙しいところ申し訳ないけれど」などの言葉があると相手に与える印象が随分違ってくる。また「これ、お願いできますか」「これ、お願いしてもいいですか」などの言い方も考えられる。いずれにしても相手に配慮した言葉が必要である。

敬語の精神は「相手に配慮した言い方」を身に付けることですが、次に挙げるのは内容的に、第2章の「相手に好印象を与える言い方」と同じ趣旨の例です。

こんな場面では「こんな言い方」を

その場面	好感度の高い言い方
一般的なお礼など	●いつもお世話になっております ●先日は、大変ご面倒をおかけいたしました ●心にかけていただいてありがとうございます
感謝するとき	●お眼鏡《めがね》にかなって嬉しく存じます ●お陰さまで助かりました ●ご親切身に染みました
断るとき	●不本意ではございますが ●私どもの力不足で申し訳ありませんが… ●ご期待に沿えず心苦しく思っております
反省・お詫び	●今回の件は、自責の念にかられております ●申し訳ございません、平にご容赦願います ●面目次第もございません

その場面	好感度の高い言い方
謝罪・弁解など	●お迷惑をおかけして心苦しいかぎりです ●こちらの手落ち（不手際）でございます ●そちら様の事情を存じ上げず失礼いたしました
頼み事をするとき	●勝手なお願いとは承知しておりますが ●不躾なお願いで恐縮ですが ●そこを何とか、ご配慮いただけませんでしょうか
来客を歓迎するとき	●ようこそお越し（お運び）くださいました ●暑い中、おいでいただきましてありがとうございます ●お荷物をお預かりいたします
贈り物をするとき	●心ばかりのものですが、どうぞお納めください ●田舎の特産ですので、お口汚しにいかがと思いまして ●お好きだと伺いましたので、持参いたしました

反論するとき	●お言葉を返すようで恐縮ですが ●僭越《せんえつ》ですが私の意見も聞いていただきたいと思います
クレームに対応する	●申し訳ございませんが、具体的な内容をお聞かせいただけませんでしょうか ●早速調査いたしまして、改めてこちらからご連絡をさせていただきます ●今後、二度と起こさないように注意いたします
病気見舞いのとき	●顔色がよろしいですよ、これなら回復（退院）も早いですね ●どうぞ、お大事になさってください
昇進・栄転のとき	●課長、この度のご栄転、おめでとうございます ●日頃の精進が報われましたね、当然のポストです ●今後もエネルギッシュなご活躍を期待しております
退職者を送るとき	●専務、長い間本当にお疲れ様でした、いろいろとご指導いただきましてありがとうございました ●また薫陶《くんとう》を受けに、ご自宅に伺いたいと思います

次も「好感度の高い言い方」の例です。このような表現を多く身につけることによって、相手とのコミュニケーションを円滑に進めることができるようになります。

普通の言い方・行動など	好感度の高い言い方の例
気を遣わせてすみません	●お心遣いを煩わせて恐縮です
呼び出して悪いね	●お呼びだてして申し訳ありません
気に入ってもらえましたか	●お気に召したでしょうか
用事を頼んで悪いね	●お使いだてして申し訳ありません
手間をとらせてすみません	●お手数を煩わせて恐縮です
反論するようですが	●お言葉を返すようで恐縮ですが
暇な時にでも	●お手すきの（お暇な）折にでも
その件は、もう忘れてください	●その件は、もうご放念ください
そのような事は知りませんねぇ	●そのような事は寡聞《かぶん》にして存じません
私だけでは返事できません	●私の一存ではご返事いたしかねます
褒めてもらって恐縮です	●お褒めにあずかり恐縮でございます

アポイントはありますか	●お約束はいただいておりましたでしょうか
誰にも言わないでください	●どうぞ、ご内聞《ないぶん》に願います
荷物をお忘れなく	●お手回り品をお忘れなく
ちょっとヤボ用がありまして	●よんどころない事情がありまして
力を貸してほしいのですが	●お力添えをいただきたいのですが
（間違い電話に）違いますよ	●失礼ですが、何番におかけですか？
葬儀の場などで（その家族に）	●この度は、ご愁傷さまでございました…
（先輩などに）久しぶりです	●ご無沙汰しております
その気持ち分かりますよ	●ご心痛、お察しいたします
はっきり言いますと	●有体《ありてい》に（率直に）申しますと
先だってはありがとう	●その節はありがとうございました
とても役に立ちました	●大変、勉強になりました

言葉遣いは、その人の人間性や教養のバロメーターでもあるので、好感度の高い言い方を身に付けることで、相手の信頼を得て仕事の評価（あなたの評価）も高くなります。

「自己点検」で更なる習熟を目指す

職場や市町村等で行う定期健診は、あなたの、現在の健康状態を確かめるためです。その結果、何らかの病気が発見されたら、それに応じた手当（治療）を行います。

敬語も、それと同じです。次の50問には不適切な部分がありますので、それを発見して適切な言い方に直してください。

ここまでの説明で、敬語の基本的なことについて、十分ご理解いただけたと思いますが、次の「自己点検」によって、更なる習熟を目指していただきたいと思います。

①（接待で）「皆さん、さあどうぞいただいてください」
②（偲ぶ会で）「先生は、何事にも努力して参られましたからね」
③（外部からの電話に）「村井課長は、ただ今席を外していらっしゃいます」
④（お客様に）「こちらで、少々お待ちしてください」
⑤（レポーター）「先生は大学を出て、すぐこの道に入ったのですか」
⑥（アナウンサー）「きょう、大臣に聞きたかったことがあるのです」

【答えの一例】「召し上がってくださいい」。②「努力なさってこられましたからね」。③「課長の村井は、ただ今席を外しております」。④「お待ちして」は謙譲語。尊敬語を使って「お待ちになって（お待ち）ください」。⑤「大学を出られて（卒業されて）すぐこの道にお入りになったのですか」。⑥「大臣に伺いたかった（お聞きしたかった・お尋ねしたかった）ことがあるのです」。

⑦（司会者）「受付でいただいた資料の３ページを見てください」
⑧（社員）「課長、新しい企画書を拝見してください」
⑨（舞踊家に）「着物はいっぱい持ってるんでしょうね」
⑩（社員）「部長、そろそろ時間ですので参りましょうか」

【答えの一例】⑦「受付でお受け取りになった資料の3ページをご覧ください」。⑧「拝見する」は謙譲語。「ご覧ください」。⑨「お召し物はたくさんお持ちなんでしょうね」。⑩謙譲語の「参る」が部長の行為に及ばないように言い替える。例えば「部長、そろそろ時間ですので私も供させていただきます」。

⑪（市役所等で）「身分を証明するものを持参していますか」	
⑫（映画館で）「18歳未満の方はご入場できません」	
⑬（取引先の人に）「明日も来てもらいたいのですが」	
⑭（外部からの電話に）「では、課長にそのように言っておきます」	
⑮（講演会で）「先生に何かお聞きしたいことはありませんか」	
⑯（来客に）「お待ちしておりました。岩山様でございますね」	
⑰（レストランで）「ランチには、お飲み物がお付きしています」	

【答えの一例】 ⑪「持参する」は謙譲語。「お持ちですか」「ご持参ですか」。

⑫「ご入場できません」は謙譲語。「ご入場になれません」または「ご入場いただけません」。

⑬「明日もおいでいただきたい（明日もご足労願いたい）のですが」。

⑭「そのように申し伝えます」。⑮「お聞きしたい」は謙譲語。「お聞きになりたい（お尋ねになりたい）ことはありませんか」。

⑯相手には「ございます」を使わない。「岩山様でいらっしゃいますね」。⑰この言い方では「お飲み物」に敬意を示すことになる。「ランチには、お飲み物が付いております」。

⑱（レポーター）「お宅には、猫が何匹いらっしゃるのですか」
⑲（会議で）「町内会長さんが申された案に賛成です」
⑳（司会者が出演者に）「奥さんには相談しないのですか」
㉑（小説家に）「次はどんなテーマで書くのですか」
㉒（社員がお客様に）「はい、わかりました」
㉓（司会者が新閣僚に）「大臣は、英語もしゃべれるのですね」
㉔（料理の番組で）「味付けとして、お酒も少々お入れします」
㉕（司会者が政党の幹部に）「暇な時は何をしているのですか」

【答えの一例】⑱動物に敬語を使わない。「何匹いるのですか」または「何匹飼っていらっしゃるのですか」。⑲「町内会長さんがおっしゃった案に賛成です」。⑳「奥さん（奥様）にはご相談なさらないのですか」。㉑「次はどのようなテーマでお書きになるのですか」。㉒「はい、承知しました」「はい、かしこまりました」。㉓「大臣は英語もご堪能ですね（ご堪能でいらっしゃいますね）」。㉔「味付けとして、お酒も少々入れます」（この「お酒」は美化語）。㉕「お暇な時は何をなさっている（いらっしゃる）のですか」。

㉖（司会者がゲストに）「このニュースを聞いてどう思いましたか」
㉗（若い芸能人）「私のお世話は、お母さんが何でもしてくださいます」
㉘（歴史学者に）「最近はどんな資料を読んでいるのですか」
㉙（テレビの司会者）「この番組は多くの人が見てくれます」
㉚（陶芸家に）「先生がやったのは、どっちの作品ですか」
㉛（政治家に）「ゴルフは、月に何回ぐらいするのですか」
㉜（地震の被災者に）「家が大きく傾かれていますね」
㉝（司会者が評論家に）「先生は、この問題をどう考えますか」

【答えの一例】 ㉖「このニュースをお聞きになってどのように思われましたか」。㉗「私の世話は母が何でもしてくれます」。㉘「最近はどのような資料を読んでいらっしゃるのですか」。㉙「この番組は多くの方がご覧になって（ご覧）くださいます」。㉚「先生がお作りになったのは、どちらの作品ですか」。㉛「ゴルフは月に何回ぐらいなさるのですか」。㉜「家が大きく傾いていますね」。家（人間以外の物）に敬語を使わない。㉝「先生はこの問題を、どのようにお考えですか」。

㉞（受付係）「担当者が来ますので暫《しばら》く待っていてください」

㉟（社員が食堂で）「課長、ビールは何の銘柄を飲みますか」

㊱（訪問先で）「立派な庭でいらっしゃいますね」

㊲（チラシで）「応募の際は、身分を証明するものを持ってきてください」

㊳（道を聞かれて）「土地の者ではないので、あの酒屋さんで伺ってください」

㊴（路線バスで）「ご順にバスの中ほどへお詰めしてください」

㊵（来客に）「うちの社長にお目にかかってもらいたいのですが」

【答えの一例】㉞「担当者が参りますので少々お待ちになって（お待ち）ください」。㉟「課長、ビールは何の銘柄を召し上がりますか」。㊱「（ご）立派な庭ですね」。庭（人間以外の物）に「いらっしゃる（尊敬語）」を使わない。㊲「応募の際は、身分を証明するものをご持参（お持ち）ください」。㊳「あの酒屋さんでお聞きになって（お聞き）ください」。㊴「お詰めして」は謙譲語。「お詰めになって（お詰め）ください」。㊵「私どもの社長に、お会いになって（お会い）いただきたいのですが」。

㊶（来客に）「総務課のどなたにご用でしょうか」

㊷（選挙の街頭演説で）「では、候補者からご挨拶をいただきます」

㊸（司会者）「たくさんの祝電が参っております」

㊹（知人に）「これから伯父の家に伺うところです」

㊺（友人との会話）「田島先生が、ご結婚されたそうよ」

㊻（知人に）「このハンドバック、叔母からいただいたの」

【答えの一例】 ㊶「総務課のダレにご用でしょうか」。身内に「どなた」を使わない。㊷「候補者からご挨拶を申し上げます」。この例の「いただく」は候補者（身内）に敬意を示すことになるので（×）。「申し上げる」は聴衆（有権者）に敬意を示す謙譲語。㊸「たくさんの祝電を頂戴して（いただいて）おります」。㊹「伯父の家に行く（参る）ところです」。㊺「参る」は聞き手に敬意を示す謙譲語。㊺「結婚なさったそうよ」「ご結婚なさったそうよ」。「お（ご）〜〜される」という言い方は謙譲語の変形なので（×）。㊻「叔母からもらったの」。この「いただく」は叔母（身内）に敬意を示す謙譲語なので（×）。

㊼（専務に）「お客様をお連れしました」
㊽（若い社員）「課長、暑い中の外回りご苦労様でした」
㊾（社員）「あっ部長、こちらにおりましたか」
㊿（他社に電話で）「名前は知らないのですが、営業課長をお願いします」

【答えの一例】㊼間違いではないが「連れる」というイメージが好ましくないので「ご案内しました」のほうがよい。㊽「お疲れ様でした」。「ご苦労様」は上位の人が、下位者をねぎらう場合に使う言葉。㊾「あっ課長、こちらにおいでになり（いらっしゃい）ましたか」。謙譲語の「おる」を課長（上司）に使うのは（×）。㊿「お名前は存じ上げないのですが、営業課長さんをお願いいたします」。

いかがでしたでしょうか。うまく直せなかった問題があっても気になさらないでください。いま直せなかった問題でも、この本を読み進めることによって完全に理解できるようになりますので、その楽しみ（期待）が今後の、あなたの敬語力を一段と高めていくことになります。

あなたの現時点の基礎力の「自己点検」

次の①〜㉙に適切な言葉を入れてみましょう。半分以上はできてほしいところです。

尊敬語	普通語	謙譲語
①	見せる	②
③	持って行く（来る）	④
⑤	聞く	⑥
⑦	食べる　飲む	⑧
⑨	会う	⑩
⑪	行く	⑫
⑬	する	⑭

【答え】 ①お見せになる　②ご覧に入れる　お目にかける　お見せする　③ご持参になる（ご持参）　④持参する　⑤お聞きになる（お尋ねになる）　⑥承る　伺う　お聞きする（お尋ねする）　⑦召し上がる　あがる　⑧頂戴する　いただく　⑨お会いになる　⑩お目にかかる　お会いする　⑪お越しになる　おいでになる　いらっしゃる　⑫伺う　参る　⑬なさる　⑭いたす

⑮	言う	⑯
⑰	見る	⑱
⑲	来る	⑳
㉑	知る（知っている）	㉒
㉓	いる	㉔
㉕	もらう	㉖
㉗	やる（与える）	㉘
㉙	着る	

⑮おっしゃる　⑮申し上げる　申す　⑰ご覧になる　⑱拝見する　⑲お越しになる
おいでになる　いらっしゃる　お見えになる　見える　⑳伺う　参る
㉑ご存じ　㉒存じ上げる　存じる　㉓おいでになる　いらっしゃる　㉔おる
㉕おもらいになる　㉖頂戴する　いただく
㉗おやりになる　㉘差し上げる　あげる　㉙お召しになる　召す

第6章

間違いやすい使い方の反復練習で自信をつける

◉基礎的な事項の反復練習によって、敬語の総合的な習熟を目指す。
◉その他の「反復練習」も行って力量アップを目指す。

敬語の間違いパターンを覚えてしまおう

ビジネスの世界では「仕事のできる人は敬語もできる」と言われています。敬語は社会人として欠くことのできない要素の一つなので、次の手順で反復練習して習熟することが大切です。

① 「敬語の基礎知識」を確実に身に付ける。
② それを反復練習して、敬語の習熟度を高める。
③ そのことで、社会人（ビジネスマン）としての言葉遣いに自信を付ける。

第1章から第5章までは、主として①に当たる内容ですが、この第6章は②と③に当たる内容です。そこで、この章では次の内容に力点を置いています。

● 間違いやすい事項の、反復練習を行う。
● 職場（社会生活）で、その応用ができるようにする。

「敬語の間違い」には一定パターンがあります。ですから逆に、そのパターンを覚えてしまえば良いのです。また、最近は「慣用句の間違い」なども広まっているので、それらの正しい使い方を身に付けていただくのが、この章の目的です。

「尊敬語に関する間違い」の復習

「ウチ」か「ソト」かによって、敬語の使い方が異なります。

①「ソト」では、身内（上司）に尊敬語を使わない

(×)の例	(○)の例
●島田課長は外出中でいらっしゃいます ●部長も、そのようにおっしゃいました ●後ほど、部長もいらっしゃいます	●課長の島田は外出中でございます ●部長も、そのように申しました ●後ほど、部長も参ります

この点に関して、「敬語の指針」に次のような質問と解説が載っています。

【質問】 日常は敬語を使っている田中部長のことを、取引先の社員と話す際にウチ扱いにするのは分かるのだが、「田中」と呼び捨てにするのはどうも抵抗がある。特に田中部長が同席しているときに「田中」とは言いにくいのだが、どう考えればよいのだろうか。

× （レストランで）「ご注文の品はおそろいになりましたでしょうか」

【解説】（要旨）「田中部長」をウチ扱いする時には「田中」と呼ぶことに問題はない。他にも「部長の田中」というように「部長」を職階として示したうえで、ウチ扱いにして呼ぶこともできる。ただし「田中部長」と呼ぶことは、ウチ扱いにしたことにはならないので不適切である。

上司である田中部長のことを「田中」と呼ぶのは、心理的な抵抗があるかもしれないが、これは「ウチ」と「ソト」の関係でとらえた場合の、表現上の約束事であって、田中部長を呼び捨てにすることとは全く異なる。

なお、改まった場面では「弊社の部長」、くだけた場面では「うちの部長」と言うことで「田中」という名前に触れずに表現することもできる。

②「人間でないもの」に、尊敬語を使わない

この事例についても「敬語の指針」に次のような質問と解説が載っています。

【質問】 レストランで働いているのだが、いつも「ご注文の品はおそろいになりましたでしょうか」と言っていながら、何だか変な表現だと思っている。なぜ変なのだろうか。どう言えばよいのだろうか。

【解説】「ご注文の品はおそろいになりましたでしょうか」という表現は、敬語が間違って使われている。「お～～になる」は尊敬語の形なので、「おそろいになる」という言い方は、「ご注文の品（人間でないもの）」を立てていることになってしまう。

しがって「ご注文の品は、そろいましたでしょうか」、あるいは「ご注文の品は、以上でよろしいでしょうか」などと言えばよいだろう。

③「人間でないもの」に、尊敬語を使わない

（×）の例	（○）の例
●そちらは今、雨が降っていらっしゃるのですか	●そちらは今雨が降っているのですか
●この席は、空いていらっしゃいますか	●この席は、空いていますか
●この犬は珍しい芸をなさるのですね	●この犬は珍しい芸をするのですね
●大統領を乗せた車が到着なさいました	●大統領を乗せた車が到着しました
●あら、縁側で猫が寝ていらっしゃるわ	●あら、縁側で猫が寝ているわ

④（×）の二重敬語

例えば「部長が言った」を尊敬語にするには、①「部長がおっしゃった」、②「部長が言われた」の、どちらか片方でよいのです。それを①と②を混ぜ合わせて「部長がおっしゃられた」という言い方をすると、（×）の二重敬語になります。

ただし「言われる」よりも「おっしゃる」のほうが敬意が高いので、部長には敬意の高い言い方で「部長がおっしゃった」としたほうが好ましいのです。

一般的に、不適切な（間違いの）二重敬語には、次のような言い方があります。

(×)の例	(○)の例
●社長は、お帰りになられました	●社長は、お帰りになりました（「帰られました」でもよい）
●M社の会長がお越しになられました	●M社の会長がお越しになりました（「お見えになりました・おいでになりました・いらっしゃいました」でもよい）

「二重敬語は全て(×)」ということではない

● (二重敬語) ↓「社長が、そのようにおっしゃられました」(×)
● (二重敬語) ↓「どうぞ、温かいうちにお召し上がりください」(○)

二重敬語とは「一つの言葉に同じ種類の敬語を二重に使っている」ことです。
ただし、二重敬語には(×)の二重敬語と(○)の二重敬語の2種類があるので、(×)の二重敬語だけを使わないようにすればよいのです。

(×)の二重敬語(復習)

例えば「言う」には「おっしゃる」と「言われる」の、2つの尊敬語があります。ですから、①「社長が、そのようにおっしゃいました」、②「社長が、そのように言われました」、のいずれか片方でよいのです。ところが、①と②を混ぜ合わせて「社長が、そのようにおっしゃられました」とすると、これが(×)の二重敬語なのです。

確認のために、もう1回説明します。「帰る」には「お帰りになる」と「帰られる」の、2つの尊敬語があるので、③「部長は先ほどお帰りになりました」と言うか、④「部長は先ほど帰られました」と言うか、どちらか片方でよいのです。

それを、③と④を混ぜ合わせて「部長は先ほどお帰りになられました」と言うと、これが（×）の二重敬語なのです。

（○）の二重敬語

尊敬語の「召し上がる」に「お」を付けて、「お召し上がりください」と言う場合があります。謙譲語の「伺う」に「お」を付けて「お伺いします」と言うこともあります。「お召し上がりください」や「お伺いします」は二重敬語ですが、古来、何の違和感もなく使われているので、これらの言い方は（×）の二重敬語ではないのです。

また「ご尊父」「ご高説」「ご高配」「ご賢察」「ご芳名」なども二重敬語の一種ですが、これらの言い方も（×）ではありません。

つまり「二重敬語なら全て（×）である」ということではないので、その点を理解して使い分けることが大切です。

（注）この説明は、文化庁の「敬語の指針」の二重敬語の項を要約したものです。

「謙譲語に関する間違い」の復習

謙譲語は自分の行為に使うのが基本です。ところが相手（上司やお客様など）の行為に使っている間違いが多いのです。では次に、間違いの主な例を挙げてみます。

①「専用の謙譲語」を、相手に使わない

(×)の例	(○)の例
●その件でしたら、２番の窓口で伺ってください	●その件でしたら、２番の窓口でお聞きになって（お尋ねになって）ください
●課長、お飲み物は何にいたしますか	●課長、お飲み物は何になさいますか
●国宝展を拝見して、いかがですか	●国宝展をご覧になって、いかがですか
●社長が、そのように申しました	●社長が、そのようにおっしゃいました
●谷恵子様、おりましたら1階ロビーまでお戻りください	●谷恵子様、おいでになり（いらっしゃい）ましたら1階ロビーまでお戻りください

②「お（ご）～～する」の語形を、相手に使わない

（×）の例	（○）の例
●こちらで暫く、お待ちしてください ●この書類に、住所と氏名をお書きしてください ●他に、お聞きすることはありませんか	●こちらで暫く、お待ちになってください ●この書類に、住所と氏名をお書きになって（お書き）ください ●他に、お聞きになる（お尋ねになる）ことはありませんか

この点に関する質問と解説が、文化庁の「敬語の指針」に次のように載っています。

【質問】「お知らせ」として配布された文書に「来週の日曜日に消防施設等の点検に伺いますが「ご在宅する必要はありません」と書いてあった。どうも気になる言い方なのだが、どこが問題なのだろうか。

【解説】（要旨）「ご在宅する」に問題がある。「ご～～する」は謙譲語の言い方である。これは、在宅している相手を立てて表現したい例なので、尊敬語を用いて「ご在宅なさる必要は…」あるいは、より簡潔に「ご在宅の必要は…」などと言うべきである。

③「お（ご）～～される」の語形を、相手に使わない

(×)の例	(○)の例
●課長、ご結婚されるそうですね ●特急にご乗車されるお客様は、乗車券の他に特急券が必要です	●課長、ご結婚なさるそうですね ●特急にご乗車なさるお客様は、乗車券の他に特急券が必要です

「お（ご）～～される」は謙譲語の変形なので相手（上司やお客様など）に使うと（×）になります。ところが、この（×）の言い方が非常に多いので注意が必要です。

この点について、文化庁の「敬語の指針」に次のような質問と解説が載っています。

【質問】「ご利用される」「ご質問される」のような形はよく使われていると思う。自分も例えば「先生もこの店をよくご利用されるのですか」などと使ってきたが、ある人から、変な敬語だと指摘された。どこが変なのだろうか。

【解説】（要旨）「ご利用される」という言い方を尊敬語だと思っている人がいる。しかし、これは「参られる」や「申される」と同じ関係なので、規範的には正しい尊敬語ではないとする考え方が有力である。

「ご利用される」は「ご利用する（謙譲語）」＋「れる」の形であると考えられることから「適切な尊敬語」であるとは位置づけられていない。したがって「利用される」「利用なさる」「ご利用になる」「ご利用なさる」などの言い方をするのが適切である。

この解説の内容を整理すると、次のようになります。

①「される」は「お・ご」を付けないで使う。（「お・ご」を付けると（×）になる）

②「なさる」を使う。

③「なさる」は「お」を付けても「ご」を付けても、正しい言い方である。

この①②③の中で、おすすめは②の言い方です。つまり「なさる」を使うのです。「なさる」は敬意も高く、単独で使っても「お」や「ご」を付けて使っても正しい言い方なので、安心して使うことができる尊敬語です。

【復習】「される」は単独で使う分には（○）ですが、敬意を高めようとして「お」や「ご」を付けると「質問の例」のように（×）になってしまうのです。

敬語に習熟するには、この点の理解が大切です。

④「お（ご）～～できる」の語形を、相手に使わない

「私は（あなたのために）～～することができる」という場合に使うのが、この語形です。

つまり、これは「自分が使う語形」なので、相手に使うと（×）になるのです。

(×)の例	(○)の例
●温かい蒲焼、お持ち帰りできます ●(販売店で) 新車にご乗車できます	●温かい蒲焼、お持ち帰りになれます ●温かい蒲焼、お持ち帰りいただけます ●新車にご乗車になれます ●新車にご乗車いただけます

正しい言い方の中でも、お客様に、そのようにしてもらうと「私はありがたい」という気持ちで使うのが「お（ご）～～いただく（いただける）」という言い方です。

ですから商業関係では、この言い方が多く使われているように感じます。

⑤謙譲語の「使い分け」に留意する

「伺う・申し上げる・いただく」などの謙譲語を身内に使うと（×）になります。

しかし「参る・申す・いたす・おる・存じる」の5語だけは、身内に使っても（×）になりません。それは、この5語は「聞き手」に敬意を示す謙譲語であるからです。

参る	●これから弟のところに参ります（○） 「参る」の敬意の向かう先→聞き手（弟でない人） ●これから弟のところに伺います（×） 「伺う」の敬意の向かう先→弟（身内）であるから（×）
申す	●その件は、父にも申しました（○） 「申す」の敬意の向かう先→聞き手（父でない人） ●その件は、父にも申し上げました（×） 「申し上げる」の敬意の向かう先→父（身内）であるから（×）
いたす	●親がそのようなことをいたしますと子供が真似して困ります（×） 謙譲語の「いたす」を相手（親）に使っているので（×） ●親がそのようなことをなさいますと子供が真似して困ります（○）

おる	●あっ部長、ここにおりましたか（×） 謙譲語の「おる」を部長に使っているので（×） ●あっ部長、ここにいらっしゃい（おいでになり）ましたか（○）
存じる	●私も、あの事件はよく存じております（○） 「存じる」の敬意の向かう先→聞き手 ●私も、あの事件はよく存じ上げております（×） 「存じ上げる」の敬意の向かう先→あの事件（人間でない事柄）に敬語を使う必要はないので（×）

テレビを見ていると「そのようなことは一向に存じ上げません」と話している人がいます。

しかし、この言い方は、人間でない事柄（そのようなこと）に敬意を示していることになるので（×）です。

このような言い方をする人は、どこかで聞いたことを真似しているものと思われますが、基礎知識として「存じる」と「存じ上げる」の性質（機能）の違いを知っていれば、このような（×）の言い方をしないで済むのです。

「家族の呼び方」について

最近は、成人している若者が「ソト」向けの場面にも関わらず「お父さんが…」「お母さんが…」と話しているのを聞くことがあります。この点について、文化庁の「敬語の指針」に次のような質問と解説が載っているので挙げてみます。

【質問】自分の家族について、改まった場面で話すときには「父」や「母」と呼ばなければならないのだろうか。

【解説】（要旨）普段は「ウチ」の関係で、お父さん・お母さん・おじいさん・おばあさん・伯父（叔父）さん・伯母（叔母）さん・お兄さん・お姉さん、などと話しかけている相手を「ソト」向けの場面で話すときは、父・母・祖父・祖母・伯父（叔父）・伯母（叔母）・兄・姉、と言うことになる。

ただし、日常生活の場で相手（聞き手）が親しい間柄のときは、「父・母・祖父（祖母）」などの言葉を使うと、改まりすぎる感じがするので、そのようなときには、状況に応じて「父親・母親・おやじ・おふくろ・おじいちゃん・おばあちゃん」などといった言葉を、適宜に使い分ければよいだろう。

✕ （新横綱）「故郷のお父さんとお母さんに一番先に報告したいです」

もう何年も前のことですが、外国出身の力士が横綱になった際に、記者から「この喜びを一番先に誰に報告しますか」と聞かれて、その新横綱は「故郷のお父さんとお母さんに一番先に報告したいです」と答えました。

外国人だから仕方がない面もありますが、その様子がテレビで放映されると「横綱が、お父さんお母さんとは何たる言い方か、相撲協会は言葉遣いをちゃんと教育しろ」という抗議の電話が殺到したそうです。

あの長寿番組の「サザエさん」では波平さんもお舟さんも、孫を「タラちゃん」と呼んでいます。父親のマスオさんも母親のサザエさんも「タラちゃん」と呼んでいます。

これは、家庭内のことなので「タラちゃん」と呼んでも構わないのです。

しかし、良識ある波平さんは「ソト」向けの場面では「孫のタラが」と言っているものと思われます。

ところが、最近の親は「ウチ」も「ソト」も頓着なく無分別に、自分の子供を「ちゃん付け」で呼んでいる人がいます。しかし、家庭内の呼び方と「ソト向けの呼び方」は別である、という良識が欲しいものです。

✕　「彼は、破天荒な性格なので周囲の人から嫌われています」

「諺《ことわざ》や慣用句」の意味を間違って使わない

●「彼は優秀ですが、性格的には破天荒なところがあります」（×）

その人が、会話の中で用いた諺や慣用句の意味が間違っていると、相手（聞き手）の失笑を買ってしまいます。例えば「破天荒」の意味ですが、「破」や「荒」の字から受けるイメージに引きずられて「世間の常識を無視した我儘な性格の人」と解釈している人がいます。

しかし「破天荒」は、そのような意味ではありません。

昔、中国は唐の時代に、科挙（官吏登用試験）に一人の合格者も出ていなかった荊州《けいしゅう》は、天荒（雑草が生い茂っている荒地）として周囲の州から見下げられていました。ところが、劉蛻（りゅうぜい）という男が合格したのです。

そこで彼は「天荒を破った人物」として、荊州の人々から絶大な賞賛を受けたのです。

この故事から、今まで誰も達成できなかった事を、初めて成し遂げたことを「破天荒」というのです。ところが「世間の常識を無視した我儘な性格の人」というような間違った意味の使い方をしている人が多いので、その真似をしないことが肝要です。

職場の異動に伴う送別会で「新しい職場でも部長を他山の石として頑張ります」と挨拶する人がいます。しかし、この「他山の石」の使い方は間違いです。

「他山の石」とは、他人の山から出るガラ石でも、自分が持っている玉を磨く材料ぐらいにはなる、というのが本来の意味です。

転じて現在は、自分より劣っている人間の言動でも、自分の人格や知性を磨く参考にはなるものだ、という意味になっています。ですから「他山の石」は、自分が「模範とする目標」という意味ではないのです。

「ガラ石」にされてしまった部長は「苦笑い」するしかありませんが、部長も本来の意味を知らなければ苦笑いどころか「大喜び」です。このように本当の意味を知らないで、どこかで聞いたことを真似して使うと、他の面では正しい言葉遣いをしていても、それを台無しにしてしまう懸念があるので注意が必要です。

×→○「歯に衣《ころも》を着せぬ」→「歯に衣《きぬ》着せぬ」

諺や慣用句は、その言葉が出来た（生まれた）由来があるので、古来「一塊の言葉」として使うのが基本です。しかし最近は、その一部分だけを間違って使われることがあります。では次に、間違って使われることが多い諺や慣用句を挙げてみますので、正しい言い方に直してください。

(×)の言い方	(○)の言い方
怒り心頭に達す	怒り心頭に発す
白羽の矢が当たる	白羽の矢が立つ
飛ぶ鳥、後を濁さず	立つ鳥、後を濁さず
押しも押されぬ	押しも押されもしない
一矢《いっし》を放つ	一矢を報いる（一矢報いる）
寸暇を惜しまず	寸暇を惜しんで
汚名を晴らす	汚名を雪《すす》ぐ
二の舞いを踏む	二の舞を演じる
蟻の入り込む隙もない	蟻の這い出る隙もない

×→○　「時宜《じぎ》に適したやり方」→「時宜に適《かな》ったやり方」

取り付くヒマ（暇）もない	取り付くシマ（島）もない
老体に鞭《むち》打つ	老骨に鞭打つ
一緒の鞘《さや》に収まる	元の鞘に収まる
薄皮を剥《は》ぐように	薄紙を剥ぐように
眦《まなじり》を上げる	眦を決する
愛想《あいそ》を振りまく	愛敬《あいきょう》を振りまく
心血を傾ける	心血を注《そそ》ぐ
二の句が出ない	二の句が継げない
警鐘を発する	警鐘を鳴らす
溜飲を晴らす	溜飲が下がる
苦汁を飲む	苦汁を嘗《な》める
櫛《くし》の歯が抜けたように	櫛の歯が欠けたように
火中の栗をつかむ	火中の栗を拾う
口先三寸（で人を騙す）	舌先三寸

「あなた＝YOU」ではない

以前、海外在住の日本人が書いた「あなた＝YOU」ではないという論文を読んだことがあります。外国人なら「YOUで通用する相手」でも、日本で使われている「あなた」は、自分よりも上位にあたる相手には使えないので、単純に「YOU＝あなた」と教えている日本の英語教育は危険であるという趣旨でした。

『敬語の用法』（角川小辞典6）の「あなた」の項には、昔は敬意の高い言葉であったが、現在では「対等か、それ以下の相手に用いられている」と説明されています。

文化庁の「敬語の指針」にも、次のような質問と解説が載っているので挙げてみます。

【質問】 会議の司会をしている時に、1年先輩の同僚に「あなたは、どう考えますか」と言ったのだが、「あなた」は丁寧な言葉だとは思いつつも、ちょっと違和感を覚えた。「あなた」という呼び方について、どう考えればよいのだろうか。

【解説】（要旨）本来「あなた」は敬意の高い言葉であったが、現在では、年齢や立場が同等か、それ以下の人に対して使うのが一般的であり、上位の人に対しては用いにくくなっているので、先輩に対する呼び方としては適切だとは言えないであろう。

したがって、名前を知っている相手には、例えば「佐藤さんは、どう考えますか」などの言い方をするのが適切である。

この解説のように、自分よりも上位にあたる相手（先輩・上司など）に対して「あなた」を使うことはできないのです。ただし週刊誌の見出しやテレビの番組では「あなたの知らない世界」「あなたならどうする」などのように使われているので、自分と個人的に関係のない場合には使っても差し支えありません。

もう何年も前のことですが、職場の年下の男性が、中途採用で入社した年上の男性を、日ごろ「キミ」と呼んでいたが、ある時、酒の勢いもあって喧嘩になり、ついに殺人事件になってしまったのです。マスコミはこの事件を「敬語殺人事件」という見出しで報道したので、ご記憶の方もおられるものと思います。

ですから、単純に「ＹＯＵ＝あなた」の感覚で、職場の目上の人に「あなた」を使うと、思わぬトラブルが発生する懸念があるので注意が必要です。

✕ 「私って、掃除が嫌いな人なので部屋はいつも散らかっています」

「方・人・者」の使い分け

人を指す語の「方」「人」「者」の関係は一般的に次のようになっています。

●方→尊敬語（皆様方、ご年配の方、殿方）
●人→普通語（この人、あの人、女の人）
●者→謙譲語（身内の者、社内の者）

この関係から以前、次のような文章を読んだことがあります。ある分野の功労によって感謝状を受けた人が、その感謝状に「右の者は」と書いてあったので少しも嬉しくなかったというのです。その気持ちも分かりますが明治以来、公文書や法律の条文では、個人を指す場合には「者」を用いていたので、その感謝状も明治以来の慣例に準じて書いてあったものと思われます。

「私って新聞を読まない人なの」（×）

尊敬語の「方」と、謙譲語の「者」の、中間的な言い方が「人」です。
しかし、「人」という語を使う場合には「彼はとても優秀な人です」「彼女は気立ての優しい人です」などのように、相手側に使うのが一般的です。

ところが、若い女性に多いように感じますが「私って新聞を読まない人なの」「私は料理が苦手な人なの」などのように、自分に使う言い方を聞くことがあります。

このような言い方は、どこかで聞いたことを無分別に真似しているものと思われますが、「私って○○な人なの」という言い方は、相手（聞き手）に「言葉遣いが幼稚な人だ」というマイナスの印象を与えてしまう懸念があるので、このような言い方を真似しないことが賢明です。

「厚化粧　言葉遣いは　ノーメイク」という川柳を読んだことがあります。

顔は入念に化粧していても「私って早起きが苦手な人なの」などの言い方をすると、その言い方は「言葉遣いの、ノーメイク」になってしまうので注意が必要です。

なお、自分のことを言う場合には「者」、または「人間」を使って、「私はそそっかしい者なので」「私は手先が不器用な人間なもので」という言い方をします。

人を紹介する際の一般的な順序

商取引などの場面で、他社の社員に、自社の上司（身内）を紹介する際には、次のような心得が必要です。

●「役職名＋名字」→謙譲表現
●「名字＋役職名」→尊敬表現

この関連で、ある人を別な人に紹介する際には、相手と自分との間柄や、その人の身分などによって先に紹介するのか、後で紹介するのか、そのマナー（順序）は一般的に次のようになっています。

先に紹介する	後で紹介する	その用例
社内の人	社外の人	●(先)総務課長の湯川でございます ●(後)横浜商事の岩田様でいらっしゃいます
役職が下	役職が上	●(先)東西物産の鶴田様です ●(後)こちらが、南北商事の桐山様です

年齢が下	年齢が上	●（先）同期入社の河村さんです ●（後）先輩の山倉さんです
身内	他人	●（先）私の父（母・兄）でございます ●（後）同じ課で働いている沢口さんです
紹介を求める人	紹介を受ける人	●（先）紹介します。川崎物産の浜本さんです ●（後）こちら、下田商事の佐山さんです
男性	女性	●（先）同僚（男性）の島本さんです ●（後）高校の先輩の田口さんです

通常は、このような順序で紹介するのがマナーです。しかし、自分側（身内）が年長の専務で相手が若い係長の場合や、若い女性と年配の男性の場合などでは、必ずしも、この通りでなくても失礼にならないことがあります。

ですから、この順序は、あくまでも一般的な心得であって、その場の状況や雰囲気などを適宜に判断して、臨機応変に対応する柔軟性が必要です。

「祭りの直会《なおらい》用にタコを一匹買ってきました」

「助数詞」を正しく使う

- 「今晩のおかずに、サンマを3こ買いました」（×）
- 「あの先輩は、私よりも5こ上です」（×）

どの本にも「乱丁・落丁はお取り替えします」と書いてあります。これは本のページの表と裏を合わせた2ページのことを「1丁」と言うからです。

助数詞とは、家を数えるのは「軒」、小動物を数えるのは「匹」というように、物を数える時に使う「単位」のことです。

最近の若い人は助数詞に無関心なのか、何を数えるにも「こ」を使う傾向があります。魚は一般的に「匹」と数えますが、イカやタコは「杯」と数えます。

身近で常識的な助数詞を間違って使うと、会話の相手（聞き手）に違和感を与えてしまう懸念があるので注意が必要です。

では次に、常識の範囲で覚えておきたい助数詞の例を挙げてみます。

調度品類	たんす＝棹（さお）　箸＝膳（ぜん）　掛け軸＝幅（ふく） 椅子＝脚（きゃく）　テント＝張（はり）　テーブル＝卓
文化関係	俳句＝句　和歌＝首（しゅ）　巻き物＝巻（かん）　音楽＝曲 手紙・書類＝通　芝居の区切り＝幕　落語＝席　相撲＝番
生活一般	着物・布団＝重ね　洋服＝着　額・鏡＝面　土地＝筆（ひつ） 出来事＝件　神仏の像＝体（たい）　刀＝振り　墓石＝基（き）
食品関係	碗に盛った飯＝膳　皿に盛った料理＝皿　茶＝服（ふく） 団子・焼き鳥＝串　コーヒーカップ＝客（きゃく）
動・植物	鳥類＝羽（わ）　馬・牛＝頭（とう）　うさぎ＝羽（わ） 犬・猫＝匹　鳥類の雌雄＝番（つがい）　鉢植えの植物＝鉢

（注）「１ケ３００円」などと書いてあるのを見ることがあります。あの「ケ」は昔、中国と交易を始めた頃に中国の荷物に書いてあった「个」が、日本語のカタカナの「ケ」に似ていることから「個＝ケ」と読み違えたのが始まりであろうと言われています。

「忌み言葉」に注意する

● （結婚式で）「本日は、重ね重ねおめでとうございます」（×）
● （受験生に）「道が凍っているから、滑って転ばないように注意するんだよ」（×）

通常の会話では何の問題もない言葉でも、ある特定の場面では、使わないように注意しなければならない言葉があります。それを「忌み言葉」と言います。

では次に、社会人として常識の範囲で覚えておきたい「忌み言葉」の例を、幾つか挙げてみます。

結婚　縁談	別れる　切れる　戻る　再び　重ね重ね
出産	流れる　落ちる　散る　破れる
新築　開店	焼ける　火　潰れる　壊れる　さびれる
葬式	再び　次々と　重ねて　再三　たびたび
受験	落ちる　滑る　転ぶ　散る

自分が使われたら「嫌だ」と思う言葉は、相手にも「使わない」ように心掛けるのが、社会人の良識です。

日本の入学試験は寒い時期に行われることが多いので、その日の朝、道が凍っていたら、つい「滑って転ばないように注意するんだよ」と言いたくなります。しかし受験生に向かって「滑る」や「転ぶ」という言葉を使うのは無神経です。

結婚式の場合も、めでたさを強調するあまり「重ね重ね」という言葉を使うと、それは「再婚」を連想させてしまう懸念があるので注意しなければなりません。

あの『男はつらいよ』の寅さんも、家族内の話し合いが終わる頃になると「終わる」と言わないで「では、この辺でお開きということにいたしましょう」と言うので、あの男も案外、常識人なのかもしれません。

(注)「忌み言葉」というのは何の実態もない「迷信の類」ですが、古来、日本には言霊信仰という文化があるので、結婚でも受験でも出産でも「その事柄に反する内容の言葉は使わない」と心得ておく必要があります。

要は「自分が使われたら嫌だ」と思う言葉は「他人にも使わない」ことです。

あとがき――敬語は一生の宝もの

皆さんは「敬語は厄介だ」「敬語は難しい」、いっそ「敬語など無いほうがよい」と思ったことはないでしょうか。しかし敬語は、コンビニやデパートなどで自分が接客を受ける側として毎日聞いているので、誰もが、大体のことは知っているのです。

ですから「自分も正しい使い方を覚えよう」という意識さえ持てば、それほど厄介でも難しいことでもなく、単に「整理するだけ」でよいのです。

いったん身に付けると、今度は一転して、相手とのコミュニケーション（人間関係）を円滑にするための自信（宝もの）になります。

あなたに、その自信を持っていただくために、本書は、敬語の基礎事項に重点を置いて書いてあります。それは、相手に対し「スマホでもご応募できます」「しばらくお待ちしてください」「そのことでしたら3番の窓口で伺ってください」というような（×）の言い方をしないためです。

そのような（×）の言い方をするのは、結局は「基礎事項を正しく理解していない」ことから起きているのです。

就職したばかりの頃は、職場にかかってくる電話の対応に戸惑って「敬語は厄介だ」という感覚に負けて「固定電話恐怖症」になることがあるかもしれません。しかし基礎事項を正しく理解した上で、更に、職場の先輩の言い回しやテレビドラマの台詞などを、常に注意深く聞いていると自然に自信が付いてきます。

ある程度の自信が付くと、街中の看板やチラシなどに「間違い敬語が多い」ことに気付くようになります。それは、あなたの敬語力が習熟してきたことの証です。

敬語は、決して過去の遺物ではありません。民主主義の現代社会における社交語であり、教養のバロメーターであり、周囲との人間関係を円滑に保つために欠かすことのできない素養の一つです。更に、本書に挙げてある「好感度の高い言い方」を多く身に付けると、あなたの評価が高くなり、あなたの人生を豊かにする土台になります。

つまり、敬語は「一生の宝もの」になるのです。

この本が、読者の皆様にとって、その「宝もの」を身に付けるための「お手伝い」をすることができるのであれば、書いた者として大きな喜びであります。

鈴木昭夫

会話やメールで恥をかかない
敬語の正しい使い方

著　者　鈴木昭夫
発行者　真船壮介
発行所　KKロングセラーズ
東京都新宿区高田馬場4-4-18　〒169-0075
電話（03）5937-6803（代）
https://www.kklong.co.jp/

印刷・製本　（株）フクイン
落丁・乱丁は取り替えいたします。
※定価と発行日はカバーに表示してあります。
ISBN978-4-8454-2537-2　C0030　Printed In Japan 2024